保育 知っておきたい！シリーズ❸

保育の切り紙・製作まるごとBOOK

毎月3つの見開き6ページで楽しくお役だち！

はさみあそび → あそび＆シアター

P.80のスーパービジュアルさくいんを見てね！

目次

はさみの基本のき……………… 2
子どもも楽しめる！ 切り紙のコツ …3

4月
はさみあそび………………… 4
あそび＆シアター…………… 6
壁面＆保育グッズ…………… 8

5月
はさみあそび………………… 10
あそび＆シアター…………… 12
壁面＆保育グッズ…………… 14

6月
はさみあそび………………… 16
あそび＆シアター…………… 18
壁面＆保育グッズ…………… 20

7月
はさみあそび………………… 22
あそび＆シアター…………… 24
壁面＆保育グッズ…………… 26

8月
はさみあそび………………… 28
あそび＆シアター…………… 30
壁面＆保育グッズ…………… 32

9月
はさみあそび………………… 34
あそび＆シアター…………… 36
壁面＆保育グッズ…………… 38

10月
はさみあそび………………… 40
あそび＆シアター…………… 42
壁面＆保育グッズ…………… 44

11月
はさみあそび………………… 46
あそび＆シアター…………… 48
壁面＆保育グッズ…………… 50

12月
はさみあそび………………… 52
あそび＆シアター…………… 54
壁面＆保育グッズ…………… 56

1月
はさみあそび………………… 58
あそび＆シアター…………… 60
壁面＆保育グッズ…………… 62

2月
はさみあそび………………… 64
あそび＆シアター…………… 66
壁面＆保育グッズ…………… 68

3月
はさみあそび………………… 70
あそび＆シアター…………… 72
壁面＆保育グッズ…………… 74

誕生会 バースデーグッズ…………… 76
誕生表＆シアター…………… 78

スーパービジュアルさくいん……80

おさえておこう！ はさみの基本のき

✂ はさみの持ち方

小さいお部屋にはお父さん指、大きいお部屋にはお母さん指とお兄さん指を入れてあげてね。

親指、ひと差し指と中指をそれぞれの穴に入れて軽く握る。

✂ 切るときの姿勢

ひじは下げて、体の真ん中で切ろうね。

はさみのお口はまっすぐ前に向けてね。

親指を上にして、刃が紙に垂直に当たるようにしよう。

✂ はさみの動かし方

グーパー グーパー

グーパー体操をしてみようね。

まずははさみだけを持って、紙を切らずに指を開いたり閉じたりする練習をしましょう。

✂ はさみの渡し方

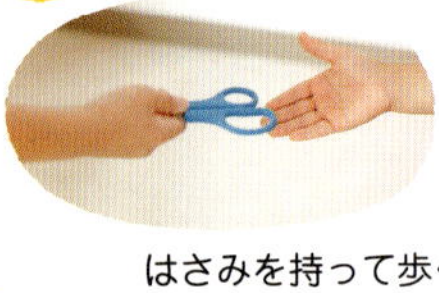

はさみのお口を閉じて、お口を優しく握ってね。持つところをお友達のほうに向けて渡そうね。

はさみを持って歩くときはゆっくりと。

✂ はさみの切り方

● 1回切り

はさみの奥の方で「チョキン！」だよ。

細い紙1回で切り落とそう。

● 連続切り

はさみのお口は閉じないで、途中で止めてまた開こう。「チョキチョキ」できるかな？

数回で切り落とそう。

● 角を切り落とそう

はさみのお口を大きく開けて斜めにチョキン！ 紙だけをクルッと回して、またチョキン！

線を引かずに丸を切ろう。

小さいカクカクを見つけて切っていくよ。

● 切り抜こう

折った紙のつながっているほうから切っていくよ。

好きな形に切ろう。

● 曲線切り

はさみの位置は変えずに紙だけを切りたいほうへ動かそう。

輪のほうから切り抜く。

子どもも楽しめる！切り紙のコツ

切り紙のポイントを紹介します。
折って切って開くだけでかわいい作品ができ上がります。

❶ 折る

机などの上で折ろう！角と角を合わせたら、折り目をアイロンしようね！

●2つ折り

半分に折る。

●4つ折り

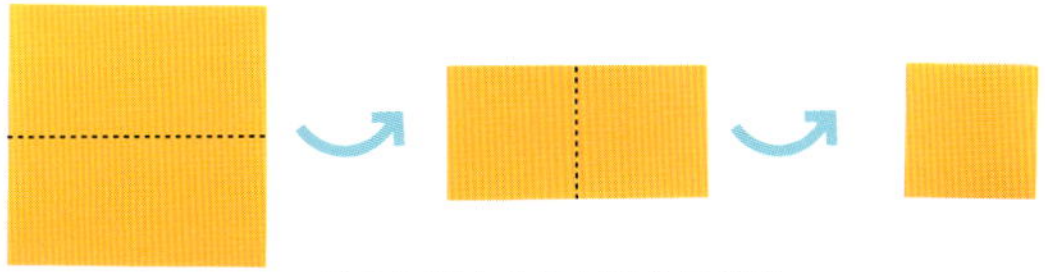

2つ折りをさらに半分に折る。

●じゃばら折り

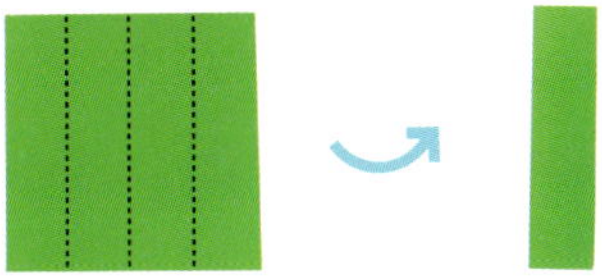

山折り・谷折りを交互にする。上の図は4等分のじゃばら折り。

●8つ折り

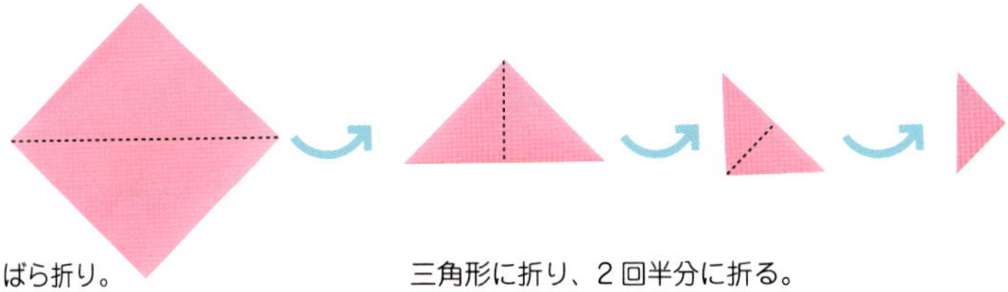

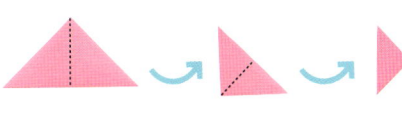

三角形に折り、2回半分に折る。

●10折り

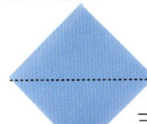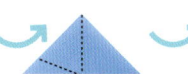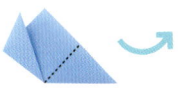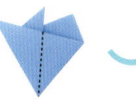

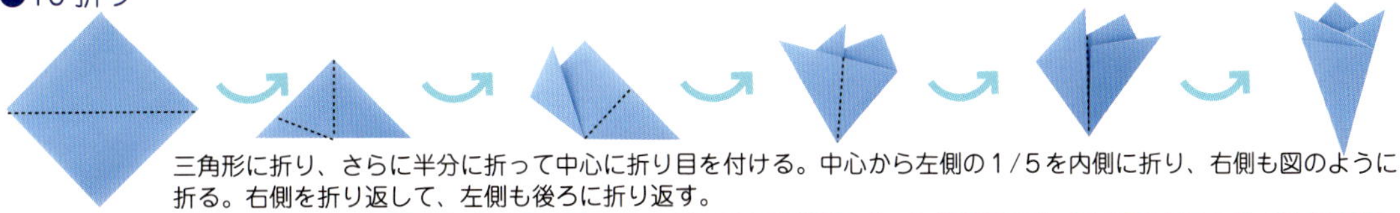

三角形に折り、さらに半分に折って中心に折り目を付ける。中心から左側の1/5を内側に折り、右側も図のように折る。右側を折り返して、左側も後ろに折り返す。

❷ 切る

下描きしておくと切りやすい！

型紙を参考にしながら、❶で折った紙を切っていく。どんな形ができるかはお楽しみ！

※保育者のページでは、中を切り抜くものもあります。その場合は、カッターナイフを使用してください。

型紙を使う場合は

本文の型紙を拡大コピーして使いましょう。

跡を付ける

型紙に切りたい紙を敷き、芯の出ていないシャープペンシルなどで強くなぞると跡が付きます。

コピーした型紙をそのまま使う

型紙に切りたい紙に重ね、ホッチキスで留めます。型紙といっしょに切っていきましょう。

型紙の見方

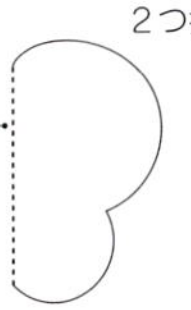

点線　折った紙の輪っかになっているところに合わせます。

2つ折り

折り方
●2つ折り
●4つ折り
●じゃばら折り
●8つ折り
●10折り

❸ 開く

パッ！

パッと開いてみよう！

わぁ！チョウチョウだ！

想像していた形になったかな？

4月 はさみあそび

子どものあそびネタ

新しいクラスで楽しくチョキチョキ。春にピッタリのお花やチョウチョウは保育室に飾るとかわいいです。

チョキチョキ

パラパラチョウチョウ 3歳児／三重チョウチョウ 4歳児／こんにちはチョウチョウ 5歳児

ヒラヒラお花 3歳児／三角模様のお花 4歳児／にっこり立体フラワー 5歳児

3歳児

1回切りで小さく切ってみよう
パラパラチョウチョウ

作り方

用意するもの
- 紙テープ
- モール
- 色画用紙（チョウチョウ形）
- はさみ
- のり
- セロハンテープ

❶紙テープを短く1回切り。

❷チョウチョウ形にのりではる。

❸裏にセロハンテープでモールをはる。

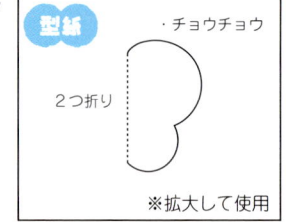

型紙　・チョウチョウ　2つ折り　※拡大して使用

1回切りで長めに切ってみよう
ヒラヒラお花

作り方

用意するもの
- 紙テープ
- 色画用紙（丸）
- はさみ
- のり
- クレヨン

❶紙テープを長めに1回切り。

チョキンと切り落としてね

❷色画用紙（丸）にクレヨンで模様を描く。

❸❶を裏からのりではる。

準備のポイント！

紙テープは子どもが持ちやすい長さに切っておきましょう。

2つ折りを切り落としてみよう
二重チョウチョウ

作り方

用意するもの　色画用紙（大・小・丸）　モール　はさみ　のり　クレヨン　セロハンテープ

❶ 色画用紙（大・小）を半分に折る。

❷ 両端を斜めに切り落とし羽を作る。

❸ ❷の羽を開き、小さいほうに模様を描く。色画用紙（丸）に顔を描く。

❹ 羽と顔を重ねてはり、セロハンテープで顔の裏からモールをはる。

1回切りで三角形に切ってみよう
三角模様のお花

作り方

用意するもの　紙テープ　色画用紙（丸）　はさみ　のり

❶ 紙テープを三角形に切る。

❷ 色画用紙（丸）にのりではっていく。

❸ 長めに切った紙テープを裏からのりではる。

❹ 紙テープの両端をはり合わせて輪を作る。

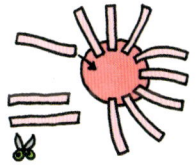

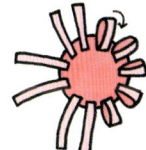

4つ折りを切ってみよう
こんにちはチョウチョウ

作り方

用意するもの　折り紙　色画用紙　色画用紙（丸）　はさみ　のり　クレヨン

❶ 折り紙を4つ折りにする。

❷ 外側を花びらの形に切る。

❸ 色画用紙で体と触角を切る。

❹ クレヨンで色画用紙（丸）に顔、体に模様を描き、図のようにのりではる。

切り落とさないようにゆっくりと
にっこり立体フラワー

作り方

用意するもの　色画用紙（30cm×14cm・丸）　はさみ　のり　クレヨン　セロハンテープ

❶ 色画用紙を半分に折り、端から1/3で折り目を付ける。折り線まで切る。

❷ 残った1/3をのりではり合わせる。

❸ 輪にして両端をセロハンテープでくっ付け、形を整える。

❹ 色画用紙（丸）にクレヨンで顔を描く。❸の根元にのりを付け、顔をはる。

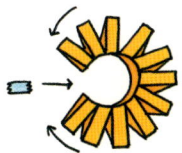

保育者が演じる

4月 あそび & シアター

チョキチョキ

初めてのクラス、初めての友達。
かわいいキャラクターで緊張をほぐしましょう。

あそび 指人形でよろしくね！

ちょっとしたアイテムで子どもたちの気持ちも和らぎます

用意するもの 色画用紙 はさみ セロハンテープ フェルトペン

遊び方 指人形を使って自己紹介をしましょう。

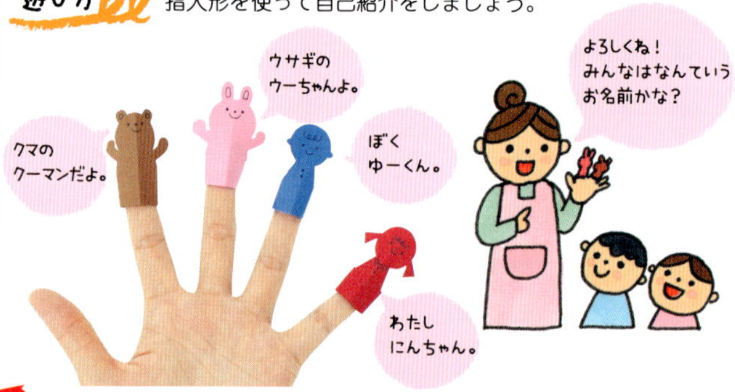

作り方

① 画用紙を2つ折りにして切る。
② 顔を描き込む。
③ セロハンテープではり合わせる。

アレンジ 子どもの分も作ってはじめましてごっこをしても楽しいですね。

型紙

〈あそび〉指人形でよろしくね！

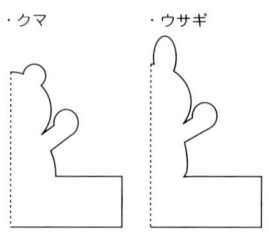

・クマ　・ウサギ
・男の子　・女の子

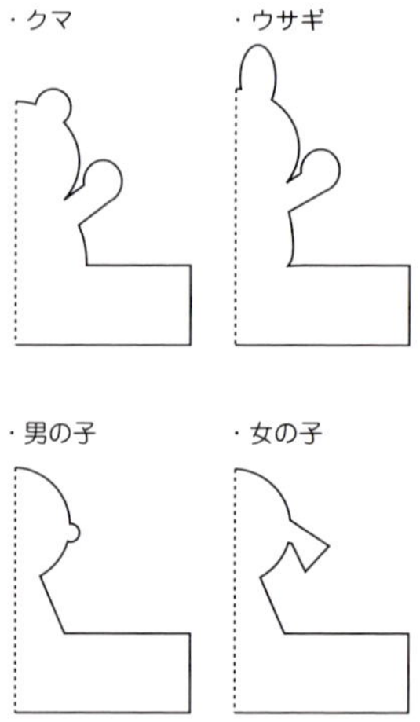

2つ折り　※200％拡大

〈シアター〉友達いっぱい

・ネズミ　・ネコ　・ウサギ　・クマ

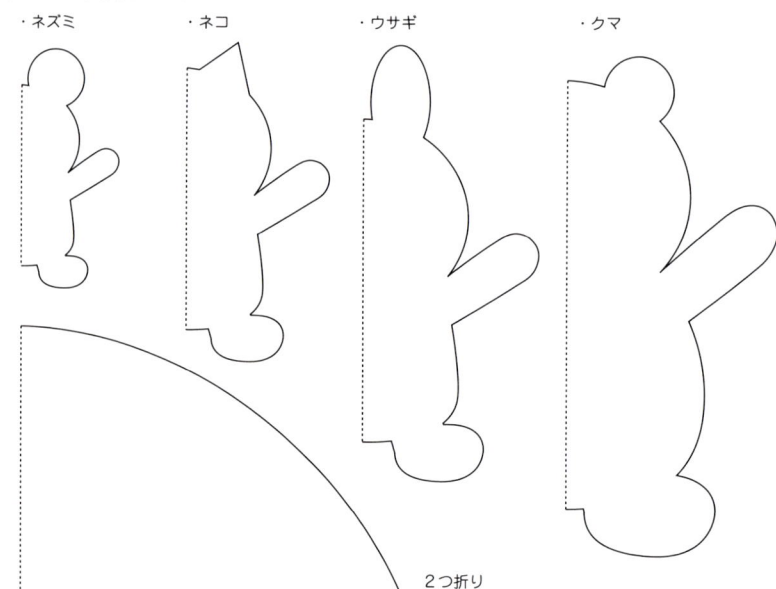

・山　2つ折り

※250％に拡大すると、八つ切りサイズのパネルに合った大きさになります。

6

シアター 友達いっぱい ♪

初めての友達と、仲よくいっしょに遊ぼうね！

| 用意するもの | ● 色画用紙　● フェルトペン
● はさみ　● 両面テープ
● パネル（段ボールに色画用紙をはっておく） |

準備

パネル
- 動物をはる位置に両面テープをはっておく。
- 色画用紙で切った山をはっておく。

絵人形 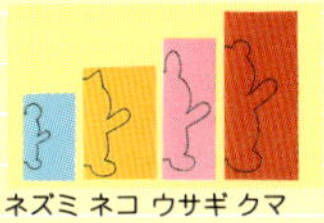
- ネズミ・ネコ・ウサギ・クマは、それぞれ色画用紙を2つ折りにして下描きをしておく。

ネズミ　ネコ　ウサギ　クマ

1 パネルを机に設置する。

今日はお山に新しいお友達がやって来るよ！
だれが来るかな？
楽しみだね。

2 ネズミを切りながら、子どもたちに何の動物か当ててもらう。

だれかな？だれかな？

まず、1人目のお友達だよ。これだれかわかるかな？

ヒントはちいさい動物だよ。チューチューっておしゃべりするよ。だーれだ？

ネズミー！

3 子どもの反応を受けて広げ、パネルにはり、顔を描き込む。

パッ！

そう！ネズミのチュー太くんでした！
チューチュー！

みんなよろしくね！次はどんなお友達が来るかな？

4 ②、③と同様にネコを登場させる。

だれかな？

耳が三角でニャーニャーってお話しするよ。

ペタッ！

ネコのミーちゃんでした！

5 ②、③と同様にウサギを登場させる。

だれかな？

耳の長い動物だよ。

ペタッ！

ウサギのウーちゃんでした！

6 ②、③と同様にクマを登場させる。

だれかな？

最後のお友達は大きいね！のっしのっし歩くよ。

ペタッ！

クマのクーマンでした！

7 締めくくる。

お友達いっぱいだね。みんなも新しいクラスでお友達をたくさんつくろうね！

4月 保育者お役だちネタ

新年度のスタート。かわいい飾り付けで子どもたちを迎えたいですね。楽しいお役だちアイテムも！

チョキチョキ 壁面 & 保育グッズ

壁面 手をつないでよろしくね

みんなで手をつないで仲よく1年をスタート！ 子どもが作ったチョウチョウを加えると、より春らしく温かみが出ますね。

作り方

用意するもの：色画用紙・はさみ・フェルトペン・のり

・子ども
❶じゃばら折り（作りたい人数＋1等分）にして切る。
❷両端を切り落として顔を描き込む。

・制服（女の子）
・制服（男の子）
❸制服を切ってはる。

この壁面では、P.5の4歳児の「二重チョウチョウ」を使用。

※子どもの人数に合わせて配置は変えるとよいでしょう。

なまえカード おなまえ人形

手作り人形をひと目見るだけで自分の場所がわかります。

作り方

用意するもの: ●色画用紙 ●はさみ ●フェルトペン ●のり

❶2つ折りにして切る。　❷顔と名前を書き込む。　❸のりではり合わせる。

部屋かざり 立体花かざり

少しちりばめるだけで春らしさアップ！

作り方

用意するもの: ●色画用紙 ●はさみ

❶4つ折りにして切る。　❷内側を折る。

型紙

〈壁面〉手をつないでよろしくね

・子ども　・制服（男の子）　・制服（女の子）　・文字　・サクラの花びら　・サクラ　・山

じゃばら折り／2つ折り

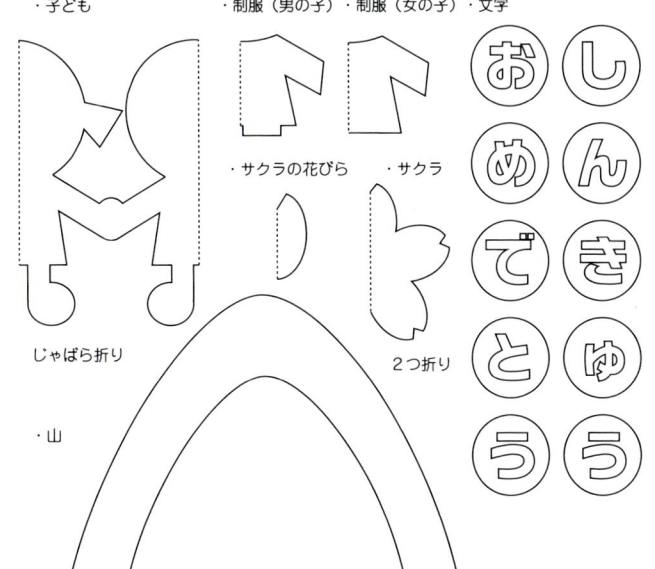

※山は全体を拡大後、さらに400%拡大してください。
※文字は全体を拡大後、さらに200%拡大してください。

〈なまえカード〉おなまえ人形

・女の子　・男の子

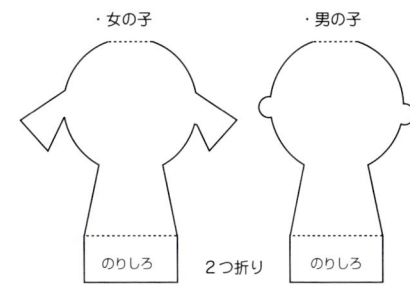

のりしろ　2つ折り　のりしろ

※200％拡大

〈部屋かざり〉立体花かざり

・小さい花　・大さい花

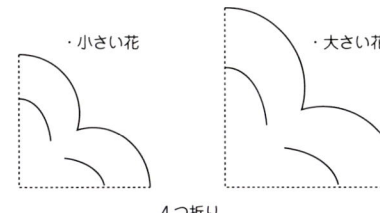

4つ折り

※保育室のスペースに合わせて倍率は調整しましょう。

5月 はさみあそび

子どものあそびネタ

切り方次第で個性たっぷりのこいのぼりができ上がります。家族にありがとうを伝えるアイテムも！

ヒラヒラこいのぼり 3歳児 　半円うろこのこいのぼり 4歳児

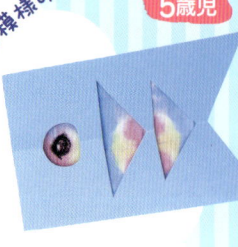
にじみ模様のこいのぼり 5歳児

カーネーションコップ 3歳児

紙皿ゆらゆらことり 4歳児

ありがとう人形 5歳児

3歳児

1回切りで長めに切ってみよう
ヒラヒラこいのぼり

作り方

用意するもの　●色画用紙（こいのぼり形）　●のり　●紙テープ　●はさみ　●クレヨン

❶紙テープを短く1回切り。

❷こいのぼり形に❶をのりではる。

❸目を描く。

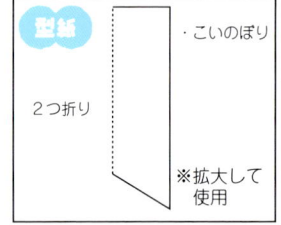
型紙　・こいのぼり　2つ折り　※拡大して使用

切り落とさないようにゆっくりと
カーネーションコップ

作り方

用意するもの　●折り紙（1/2サイズ）　●ストロー　●紙コップ　●はさみ　●絵の具　●セロハンテープ

❶紙コップに絵の具で指スタンプ。

❷折り紙の端から1/3で線を引いておく。線まで切る。

❸ストローをセロハンテープでくっ付けて❷に巻いていき、セロハンテープで留める。

❹❸を紙コップの中に入れ、セロハンテープで固定する。

10

**4歳児**

曲線を切ってみよう
半円うろこのこいのぼり

作り方

用意するもの：色画用紙（大・小・こいのぼり形）・はさみ・のり・クレヨン・えんぴつ

① 色画用紙（大・小）を半分に折る。

② 図のように下描きしておく。線の上を切る。

紙を回しながら切ってね

③ ②を開き、こいのぼり形に大→小の順ではる。

④ 目を描く。

いろんな切り方にチャレンジ
紙皿ゆらゆらことり

作り方

用意するもの：紙皿・色画用紙・はさみ・のり・フェルトペン

① 紙皿を半分に折る。

② 色画用紙を半分に折り、図のように羽・くちばし・しっぽを切る。

・羽

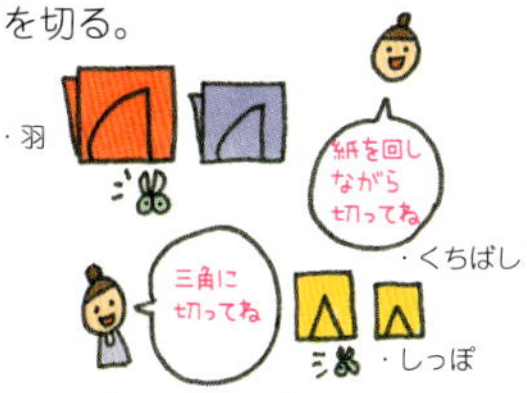

紙を回しながら切ってね

 くちばし
三角に切ってね
 しっぽ

③ 紙皿に羽をはる。

④ くちばしとしっぽを紙皿の内側にはり、目を描く。

**5歳児**

2つ折りを切り抜いてみよう
にじみ模様のこいのぼり

作り方

用意するもの：色画用紙・半紙・絵の具（色水）・はさみ・のり・クレヨン

① 色画用紙を半分に折り、片端を斜めに切り落とす。

② 半分に折ったまま、図のように切り抜く。

紙がつながっているほうから切ってね

③ 裏から全体に染め紙をはり、目を描く。

準備のポイント！
4つ折りにした半紙に絵の具を付けて染め紙を作る。

曲線から直線に切ってみよう
ありがとう人形

作り方

用意するもの：色画用紙・はさみ・のり・クレヨン

① 色画用紙を半分に折り、図のように下描きをしておく。線の上を切る。

② 色画用紙を切って、髪の毛を作る。

回しながら切ったらまっすぐチョキチョキだよ

③ ②をはり、顔などを描く。

 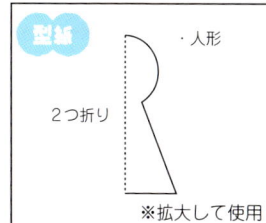

型紙　・人形　2つ折り　※拡大して使用

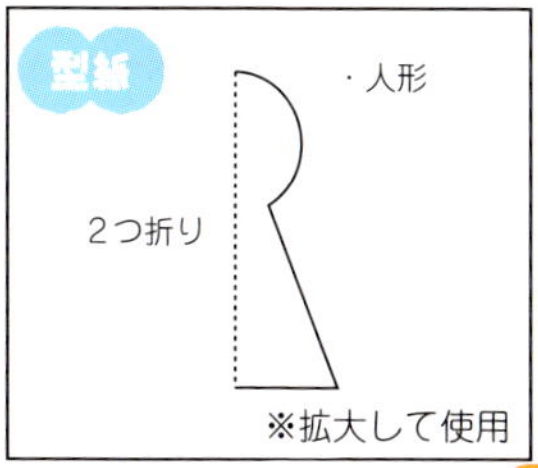

5月

保育者が演じる

チョキチョキ あそび&シアター

登園が楽しみになるように友達と遊ぶ喜びを味わえるとよいですね。

あそび トントン金太郎ずもう

友達といっしょに思い切り楽しめるおもちゃです。

用意するもの ●色画用紙 ●空き箱 ●はさみ ●のり ●フェルトペン

遊び方 箱の両端をトントンたたいて力士を動かそう。

のこった のこった

作り方

❶2つ折りにして切る。 ❷顔を描く。 ❸空き箱に色画用紙をはって土俵を作る。

アレンジ それぞれの子どもの力士を作ると喜びますよ。

型紙

<あそび> トントン金太郎ずもう

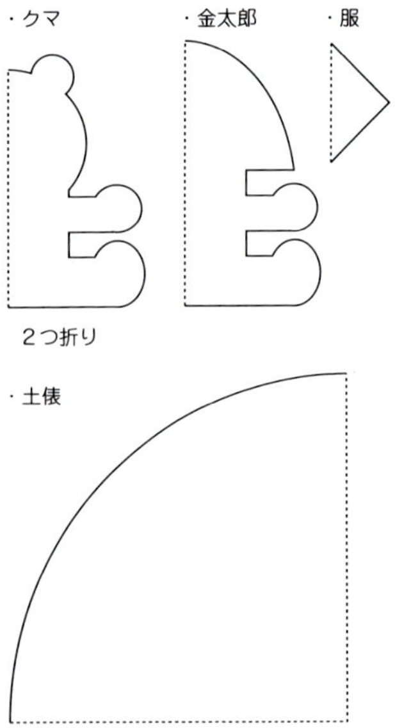

・クマ ・金太郎 ・服

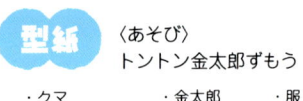

2つ折り

・土俵

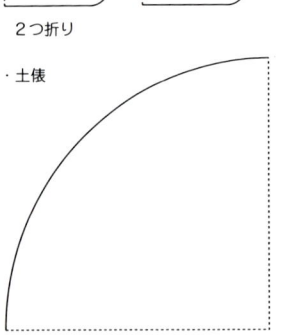

4つ折り ※250%拡大

<シアター> こいのぼりの親子

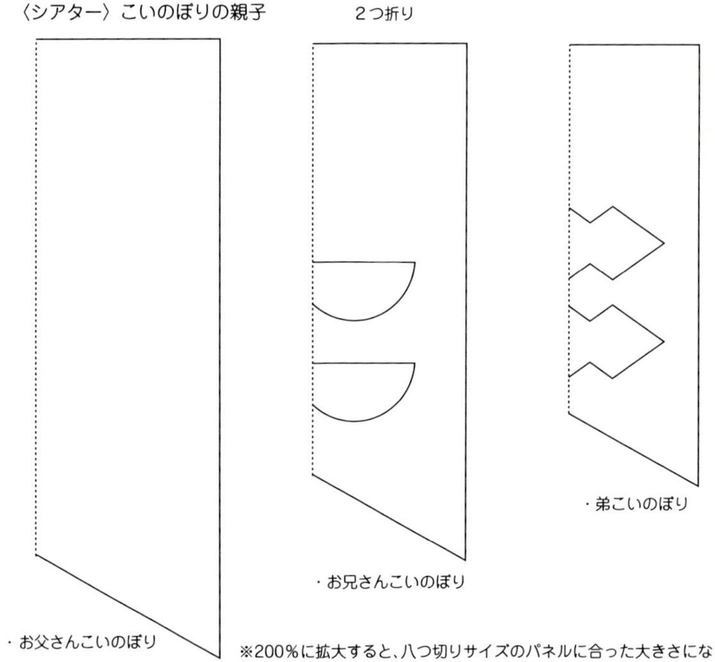

2つ折り

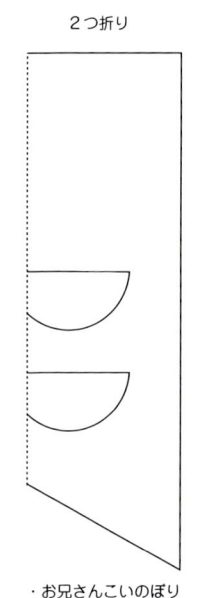

・お父さんこいのぼり ・お兄さんこいのぼり ・弟こいのぼり

※200%に拡大すると、八つ切りサイズのパネルに合った大きさになります。

12

シアター こいのぼりの親子

子どもたちの成長を願って元気に演じましょう。

用意するもの	●色画用紙 ●フェルトペン ●はさみ ●両面テープ ●パネル（段ボールに色画用紙をはっておく）

準備

パネル 
- ポールや矢車、吹き流しや口ひもは左の写真のように描き込んでおく。
- こいのぼりをはる位置に両面テープをはっておく。

絵人形 
- お父さん・お兄さん・弟こいのぼりは、色画用紙を2つ折りにして、それぞれに下描きをしておく。

お父さん お兄さん 弟

---

1 パネルを机に設置する。

「今日はお空を泳ぎに、ある親子がやって来るよ！だれだろうね？」

---

2 お父さんこいのぼりを切ってはり、目を描き込む。

チョキチョキ
「さあ、だれだろうね？」
「あっ！お父さんこいのぼりだ！かっこいいね！」
「泳ぎながらこちらにやって来るよ～！！」

---

3 ❷と同様お兄さんこいのぼりを切る。

「次はお兄さんこいのぼりだ！」
パッ！
チョキチョキ
「お兄さんこいのぼりはとってもおしゃれさんなんだよ。」
「ほら！マルマルウロコ！お父さんといっしょに楽しそうに泳いでいるね。」

---

4 ❷と同様に弟こいのぼりを切る。

「最後は弟こいのぼりだ！」
パッ！
「弟こいのぼりは…」
チョキチョキ
「見て！ギザギザウロコがとってもすてきだね！」

---

5 『こいのぼり』をみんなで歌う。

「こいのぼりの親子だったね！3匹ともとっても気持ち良さそうに泳いでいるよ！」
「さぁみんなで『こいのぼり』を歌ってみよう！」

こいのぼり 作詞／近藤宮子 作曲／不詳

やねよりたかいこいのぼー
おおきいまごいは
おとうさん ちいさい
ひごいは こどもたーち
おもしろそうにおよいでる

活動へつなげよう → みんなもすてきなこいのぼりを作ってみよう。

5月 壁面 & 保育グッズ

保育者お役だちネタ

園の生活が慣れてきた子どもたちのようすが保護者にも伝わるとよいですね。

壁面　こいのぼりのお出かけ

子どもたちが作ったこいのぼりが気球といっしょにお出かけ。ツバメさんも遊びにやって来ましたよ。

用意するもの：色画用紙 ・ はさみ ・ フェルトペン ・ のり ・ カッターナイフ

作り方

❶ 半分に折って切る。気球の中をカッターナイフで切り抜く。

❷ 切り抜いた箇所に色画用紙を裏からはる。

❸ 顔と手を描く。

この壁面では、P.11の4歳児の「半円うろこのこいのぼり」を使用。

※子どもの人数に合わせて配置は変えるとよいでしょう。

14

カード ありがとうカード

手作りカードで日ごろの感謝の気持ちを伝えよう。

●エプロンカード
●ハートカード

作り方

用意するもの：●色画用紙 ●はさみ ●のり

●エプロンカード
半分に折って切り、斜線部分をはり合わせる。

ポケットを付けて、P.10のカーネーションを入れる。

●ハートカード
半分に折って切り、はり合わせる。

後ろに筒状の正方形をはり、P.11の人形をはる。

フォトフレーム 思い出フレーム

子どもとっておきの1枚を飾りましょう。

●モコモコフレーム
●きらりんフレーム

作り方

用意するもの：●色画用紙 ●はさみ ●折り紙 ●写真 ●のり

●モコモコフレーム

❶4つ折りにして切る。
❷写真の上にはる。

※きらりんフレームも同様に。ダイヤ形に切り抜いた箇所は裏から折り紙をはる。

型紙

〈壁面〉こいのぼりのお出かけ

・雲
・気球 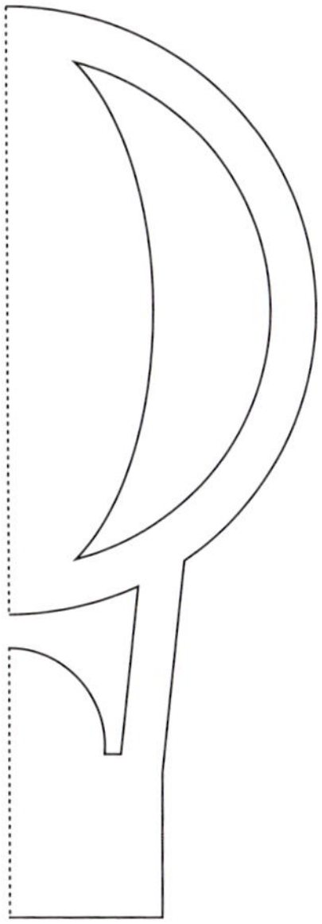
・ツバメ

2つ折り

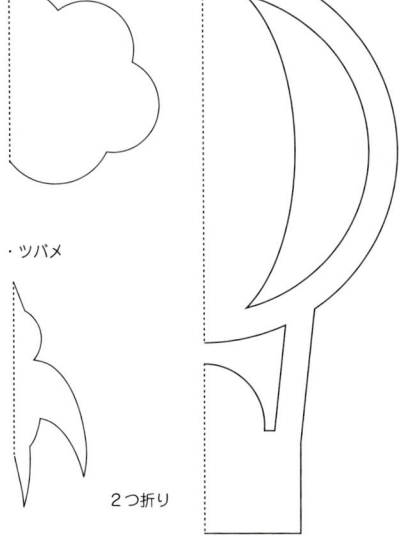

〈カード〉ありがとうカード

●エプロンカード
2つ折り

●ハートカード
2つ折り　※500%拡大　谷折り

〈フォトフレーム〉思い出フレーム

●きらりんフレーム　4つ折り　●モコモコフレーム

※200%拡大

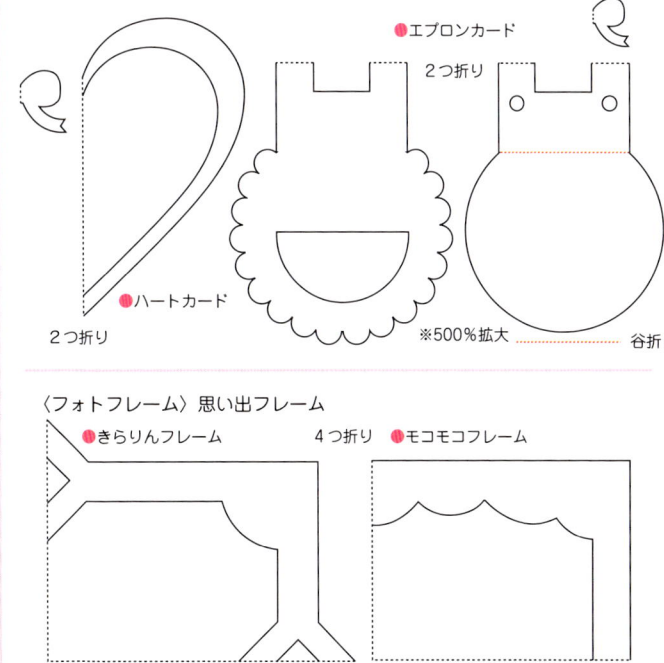

※保育室のスペースに合わせて倍率は調整しましょう。

15

6月 チョキチョキ はさみあそび

子どものあそびネタ

雨と仲よしさんは何かな？ 天気の悪い日が続きますが、室内で製作を楽しみながら、憂鬱な気分を吹き飛ばしましょう。

ペタペタカタツムリ 3歳児

わっか重ねのカタツムリ 4歳児

ぐるぐるカタツムリ 5歳児

あまつぶとカエルくん 3歳児

チョキペタアジサイ 4歳児

スタンピングがさ 5歳児

3歳児

1回切りでたくさん切ってみよう
ペタペタカタツムリ

作り方

用意するもの: 紙テープ　モール　色画用紙（丸・胴体）　はさみ　のり　クレヨン　セロハンテープ

❶紙テープを短く1回切り。

❷❶を色画用紙（丸）にのりではる。

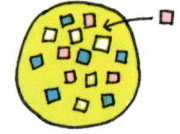

❸胴体をはり、顔を描く。

❹裏からモールをセロハンテープではる。

1回切りであまつぶを切ってみよう
あまつぶとカエルくん

作り方

用意するもの: フラワーペーパー　色画用紙（丸・カエル形）　スズランテープ　のり　紙テープ　はさみ　セロハンテープ

❶紙テープを1回切り。

❷スズランテープを半分に裂き❶をのりではる。

❸色画用紙（丸）に丸めたフラワーペーパー、❷、顔を描いたカエルもはり付ける。

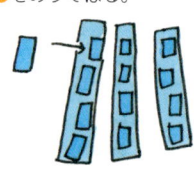
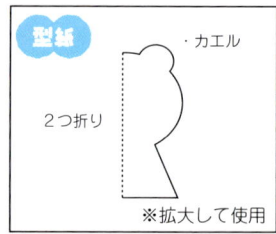

型紙　・カエル　2つ折り　※拡大して使用

16

4歳児

1回切りで長さを変えて切ってみよう
わっか重ねのカタツムリ

作り方

| 用意するもの | ●色画用紙（胴体・触角） ●紙テープ ●はさみ ●のり |

① 紙テープを長さを変えながら1回切り。

② 輪にして、のりで留める。

③ 胴体に顔を描き、触角を裏からはる。

④ 輪が大きい順にはり、重ねていく。胴体にのりではる。

1回切りで同じ長さに切ってみよう
チョキペタアジサイ

作り方

| 用意するもの | ●紙テープ ●色画用紙（アジサイ形・葉） ●はさみ ●のり |

① 紙テープを同じ長さに1回切り。

② アジサイ形に①でパツを作りながらのりではっていく。

③ 葉に模様を描いて、裏からのりではる。

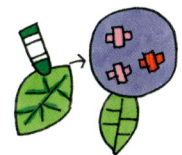

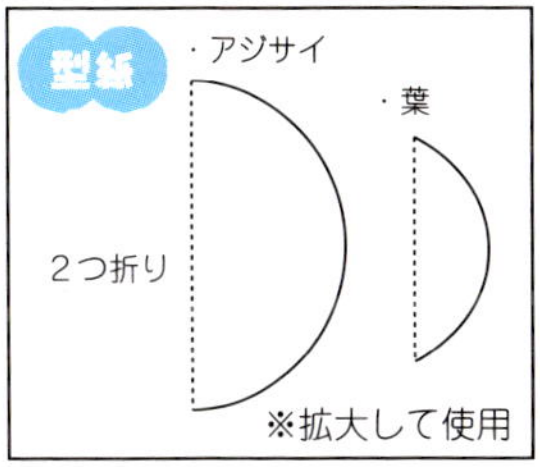

型紙 ・アジサイ ・葉
2つ折り
※拡大して使用

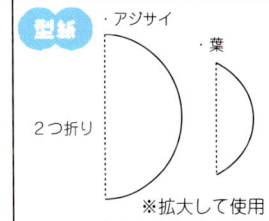

5歳児

うずまきを切ってみよう
ぐるぐるカタツムリ

作り方

| 用意するもの | ●色画用紙（丸・胴体） ●モール ●はさみ ●のり ●クレヨン ●セロハンテープ |

① 色画用紙（丸）に模様を描く。

② 切り落とさないように渦巻に切る。

③ 渦巻の端を手前にはり、中心を浮き上がらせる。

④ 胴体をはり、顔を描いて裏からモールをはる。

もこもこを切ってみよう
スタンピングがさ

作り方

| 用意するもの | ●色画用紙 ●曲がるストロー ●絵の具 ●ペットボトルのキャップ ●はさみ ●クレヨン ●セロハンテープ |

① 色画用紙を半分に折り、図のようにクレヨンで下描きをしておく。線の上を切る。

② ペットボトルのキャップに絵の具を付けてスタンプをする。

③ 裏からストローをはる。

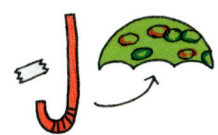

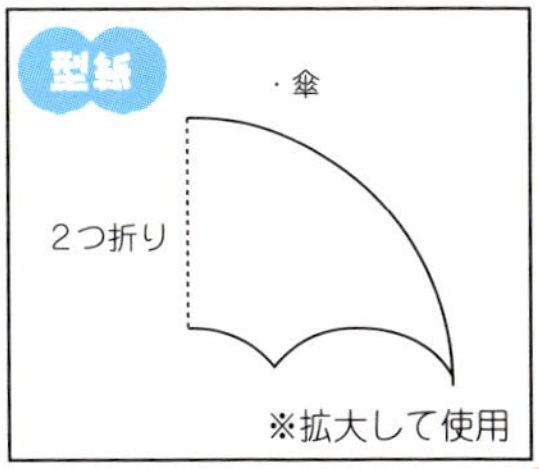

型紙 ・傘
2つ折り
※拡大して使用

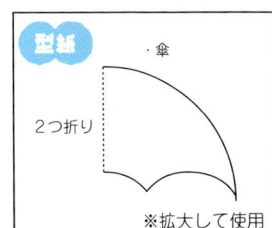

17

6月 あそび＆シアター

保育者が演じる

チョキチョキ

室内で遊ぶことが増えてきますが、子ども同士で楽しめるように工夫できるとよいですね。

あそび ワニさんの虫歯予防

みんなでワニさんの歯をピカピカにしよう！

用意するもの　●色画用紙　●紙テープ（白）　●はさみ　●のり　●フェルトペン　●てんしシール（黒）

遊び方
口を大きく開けて、ワニさんの歯をきれいにみがいてあげましょう。

歯をきれいにしてほしいワニ

おくちをあけてください

作り方

②紙テープ（白）を三角形に切り、はる。目と鼻にてんしシールをはる。

①ワニの口を切り、図のように折る。

③台紙（色画用紙）にワニ、歯ブラシ、コップをはる。

アレンジ 子どもたちが歯を切ってワニの口にくっ付けてもよいですね。

型紙　〈あそび〉ワニさんの虫歯予防

・ワニ

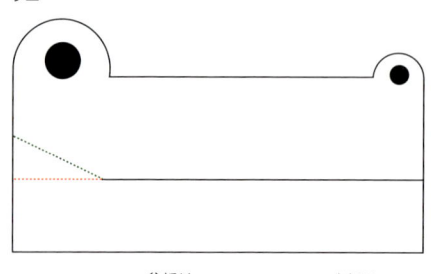

········ 谷折り　――― 山折り

・コップ　・歯ブラシ

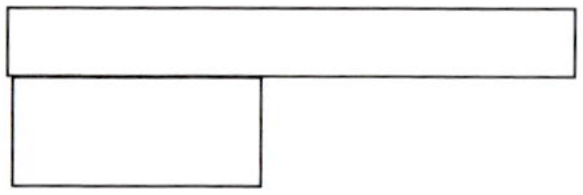

※500％拡大

〈シアター〉カエルの合唱

・カエル　・傘

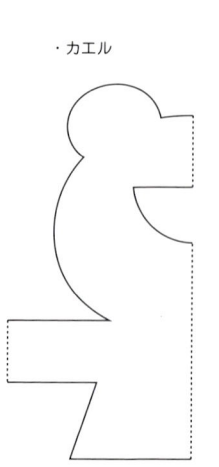
じゃばら折り（8等分）

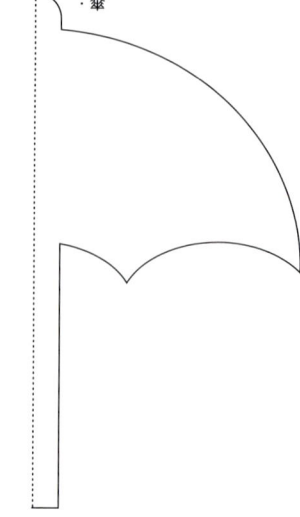
2つ折り

※八つ切りサイズを使用する際は、200％に拡大するとちょうどよい大きさになります。

シアター カエルの合唱

雨の日の室内で元気良くみんなで歌えるとよいですね。♪

用意するもの	●色画用紙　●フェルトペン　●はさみ

準備

絵人形

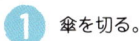

● 傘は色画用紙を2つ折りにして、下描きをしておく。
● カエルはじゃばら折り（8等分）にして下描きをしておく。

傘　　カエル

① 傘を切る。

最近、雨が多いよね。

みんな雨の日って何を持ってくるかな？

かさー！！

そう、傘だよね。

パッ！

② 子どもたちに問いかけてからカエルを切り、登場させる。

今日は雨が大好きなお友達に来てもらってるよ！だれかわかるかな？

カタツムリ！ オタマジャクシ！ カエル！

たくさん出てきたね！今日はね、カエルくんが来てくれてるよ。じゃあ呼んでみようか！

カエルく〜ん！みんな待ってるよー！

まってまってー！今行くよー！

チョキチョキ

★1匹だけを広げて、目を描き込む

カエルくんいらっしゃい！

カエルくんがみんなといっしょに『かえるの合唱』を歌いたいんだって！みんな元気に歌えるかな？

③ 『かえるの合唱』を歌いながら、カエルを広げていく。

♪かえるのうたがきこえてくるよ〜

♪クワッ　♪クワッ　♪クワッ　♪クワッ

♪ケケケケケケケケ　クワックワックワッ

みんなの歌がじょうずだからカエルくんの仲間も集まってきたね！

かえるの合唱

訳詞／岡本敏明、ドイツ民謡

かえるの うたが きこえて くるよ　クワッ クワッ クワッ クワッ　ケケケケケケケケ クワックワックワッ

6月

チョキチョキ 壁面 & 保育グッズ

保育者お役だちネタ

梅雨期ならではのかわいい生き物を室内に飾ることで、身近に感じてもらえるとよいですね。

壁面　カタツムリのお客さん

カエルのすてきな歌声に誘われて、子どもたちが作ったカタツムリたちも集まってきましたよ。

作り方

用意するもの　●色画用紙　●はさみ　●フェルトペン　●のり

・カエル

❶じゃばら折り（5等分）にして切る。

❷両端を切り落として顔を描く。

・雲

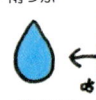

・雨つぶ

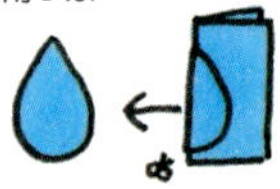

半分に折って切る。

この壁面では、P.17の5歳児の「ぐるぐるカタツムリ」を使用。

※子どもの人数に合わせて配置は変えるとよいでしょう。

20

カード　ありがとうカード

大好きな人にありがとうを伝えましょう。

●カバンカード　●お父さんカード

作り方

用意するもの：色画用紙　はさみ　のり　フェルトペン

●カバンカード
図のように折り、各パーツをはる。

●お父さんカード
半分に折って切り、各パーツをはる。

部屋かざり　雨つぶモビール

雨の日も楽しい気分になれるとよいですね。

・雨つぶ　・てるてるぼうず　・傘

作り方

用意するもの：色画用紙　のり　糸　はさみ　カッターナイフ

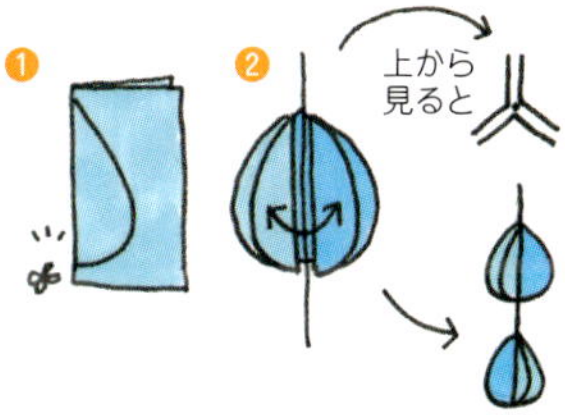

❶ ❷ 上から見ると

❶ 半分に折って、同じ形を3枚切る。

❷ 糸を挟んで、半分に折った3枚の隣の面同士をはり合わせる。

型紙

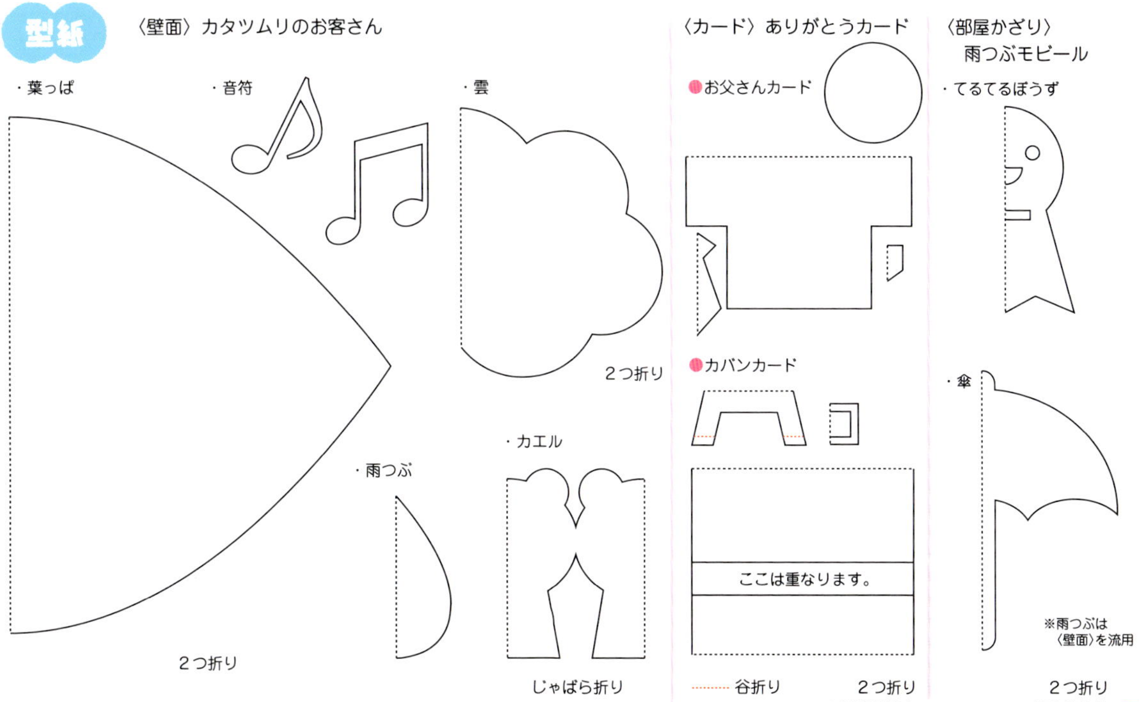

〈壁面〉カタツムリのお客さん

・葉っぱ　・音符　・雲（2つ折り）　・雨つぶ（2つ折り）　・カエル（じゃばら折り）

〈カード〉ありがとうカード

●お父さんカード
●カバンカード
ここは重なります。
---- 谷折り　2つ折り
※500％拡大

〈部屋かざり〉雨つぶモビール

・てるてるぼうず
・傘
※雨つぶは〈壁面〉を流用
2つ折り
※330％拡大

※保育室のスペースに合わせて倍率は調整しましょう。

7月 チョキチョキ はさみあそび

子どものあそびネタ

子どもたちが楽しみにしている七夕。子どもの興味を大切にしながら製作ができるといいですね。

3歳児　2枚重ねの織り姫・彦星

4歳児　くるまり織り姫・彦星

5歳児　1枚切りの織り姫・彦星

3歳児　ステンドグラス風ひしかざり

4歳児　輪つなぎ星かざり

5歳児　きらきら星の天の川

3歳児

角から角へまっすぐ切ってみよう
2枚重ねの織り姫・彦星

作り方

用意するもの：折り紙／色画用紙（丸・星）／はさみ／のり／クレヨン

❶折り紙を半分に折り、折り目を付ける。
❷折り目に沿って切り進め、三角形を2枚作る。

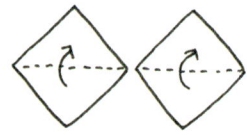

❸三角形を重ね、ずらして折る。色画用紙（丸・星）をはる。
❹顔を描く。

2つ折りを切り抜いてみよう
ステンドグラス風ひしかざり

作り方

用意するもの：折り紙／はさみ／のり

❶折り紙を半分に折る。
❷好きな形に切り抜く。

❸裏から折り紙をはる。
❹角同士をはり、つなげる。

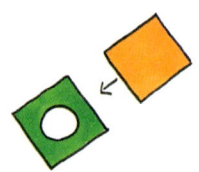

22

4歳児

同じ三角形を切ってみよう
くるまり織り姫・彦星

作り方

用意するもの:
- 色画用紙
- 色画用紙（正方形・丸）
- はさみ
- のり
- クレヨン

❶色画用紙（正方形）を半分に折り、折り目に沿って切り進める。

❷色画用紙で飾りを切る。

❸❶に模様を描き、筒状にする。色画用紙（丸）に顔を描く。

❹❸に顔と飾りをはる。

違う三角形を切ってみよう
輪つなぎ星かざり

作り方

用意するもの:
- 紙皿
- 紙テープ
- 色画用紙
- はさみ
- のり
- 折り紙
- クレヨン

❶紙テープを長めに1回切り。

❷❶で鎖を4本作る。

❸折り紙を三角形に切って、はり合わせる。

❹❸に顔を描き、紙皿に❸と鎖をはる。

5歳児

2つ折りで切り取ってみよう
1枚切りの織り姫・彦星

作り方

用意するもの:
- 色画用紙
- はさみ
- のり
- クレヨン

❶色画用紙を半分に折り、図のように切る。

❷❶に顔を描く。

❸色画用紙で飾りと帯を切ってはる。

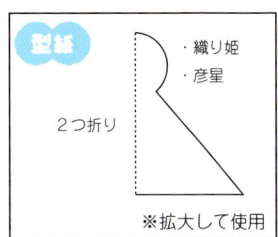

型紙
- 織り姫
- 彦星
- 2つ折り

※拡大して使用

交互に切ってみよう
きらきら星の天の川

作り方

用意するもの:
- 色画用紙
- 折り紙
- はさみ
- のり
- クレヨン

❶折り紙を縦に半分に2回折る。

❷片側から切り込みを入れたら反対側からも同様に切り込みを入れる。

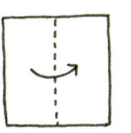

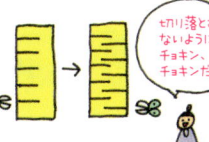

❸色画用紙を半分に折って切り、顔を描き込む。

❹ゆっくり広げ、星（❸と同様に切る）をはる。

7月 あそび＆シアター

保育者が演じる

チョキチョキ

7月は七夕・夏祭り・水遊びなど、子どもたちのお楽しみがいっぱい！ いろいろな遊びを楽しめるとよいですね。

あそび ウキウキ金魚すくい

子どもたちの大好きな金魚すくいがかんたんにできます。

用意するもの
- カラーセロハン ● クリアフォルダー ● 色画用紙 ● はさみ
- のり ● フェルトペン ● スチロールの紙皿 ● 厚紙 ● ラミネート

遊び方 　ブルーシートや水槽などに金魚を放して、みんなですくってみよう。

　見てー！

　ぼくも！

作り方

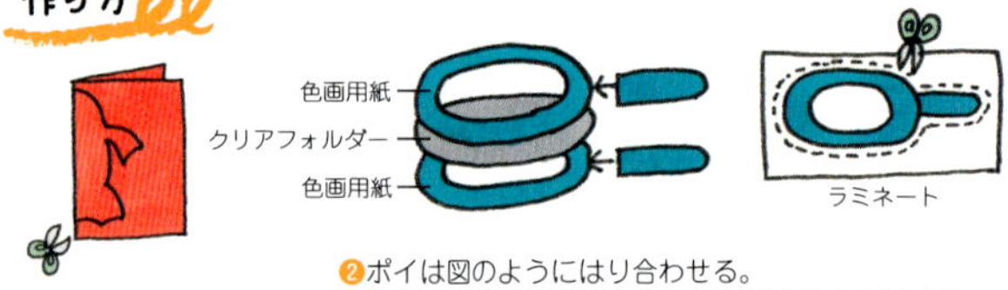

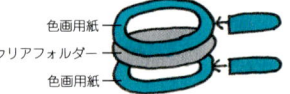
色画用紙／クリアフォルダー／色画用紙　　ラミネート

❶ カラーセロハンを半分に折って切る。

❷ ポイは図のようにはり合わせる。
※色画用紙と同じ形に切った厚紙を挟んではり合わせ、ラミネートして切り取ると防水できます。

アレンジ 金魚に点数を付けて遊んでみても楽しいですね。

型紙

〈あそび〉ウキウキ金魚すくい

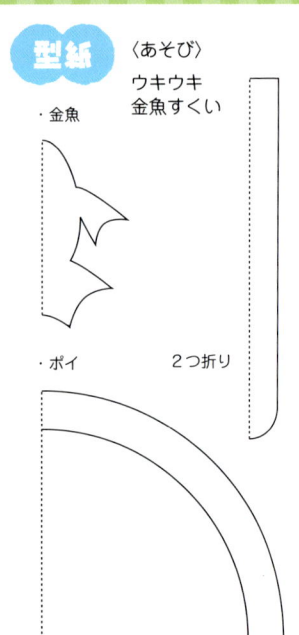

・金魚　2つ折り
・ポイ　4つ折り　※250％拡大

〈シアター〉お星さまキラキラ

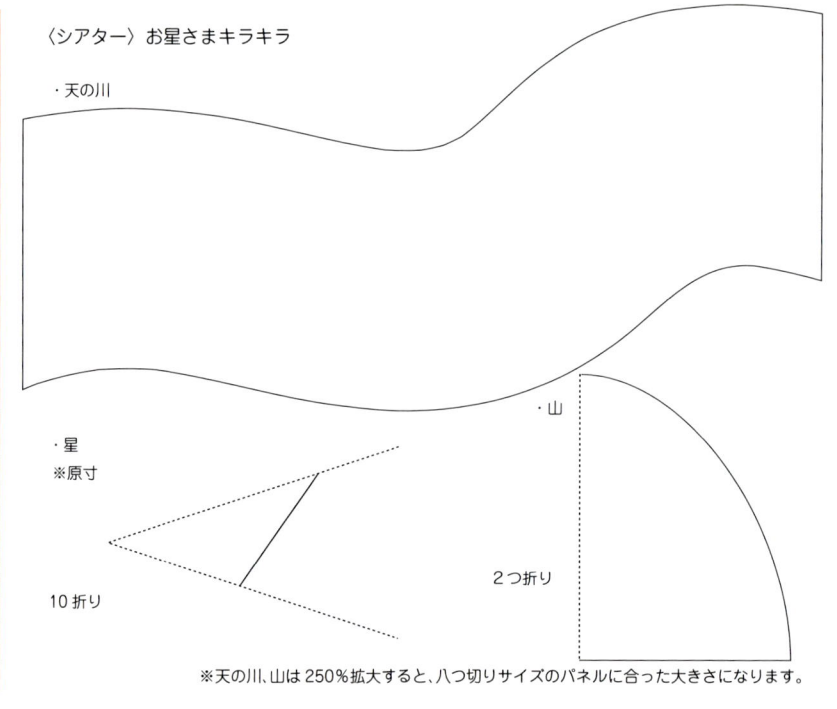

・天の川
・山　2つ折り
・星 ※原寸
10折り

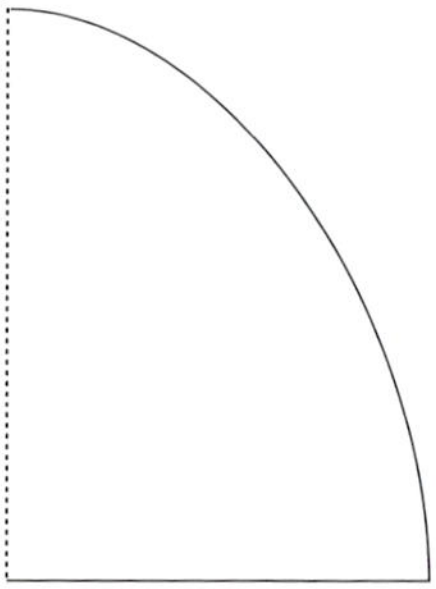

※天の川、山は250％拡大すると、八つ切りサイズのパネルに合った大きさになります。

24

シアター お星さまキラキラ

チョキッと切るだけで星ができるので子どもたちも大喜び。

用意するもの
- 色画用紙
- 折り紙
- はさみ
- 両面テープ
- パネル（段ボールに色画用紙をはっておく）

準備

パネル

- 星をはる位置に両面テープをはっておく。
- 折り紙で切った山と色画用紙で切った天の川をはっておく。

絵人形

- 子どもの人数に応じて、折り紙で星になる10折りを作っておき、切り取り線を描いておく。（八つ切りサイズのパネルには折り紙1/4がちょうどよいです）

① パネルを設置する。

お星様が集まって天の川ができているよ。実は先生はお星さまを作るのが得意なの。見ててね。

② 『きらきら星』を歌いながら星を切り、パネルにはる。

♪きらきらひかる〜

できたっ！

♪まばたきしては〜　ペタッ！

チョキチョキ

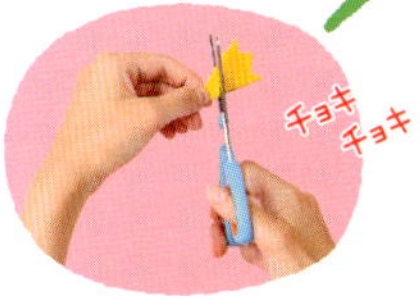

とってもきれいでしょう？

③ 子どもに切ってもらい、パネルにはっていく。

いっしょにお星さまを作ってくれるお友達はいるかな？？

ここをチョキンと切ってね！　はーい！

みんなのおかげでお空がキラキラになったよ！ありがとう。

④ ❸で切り落とした部分を使って星のプレゼントを切る。

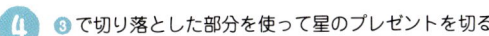

みんながんばってくれたからお星さまからプレゼントが届いているよ！

チョキチョキ

パッ！

あっ！星のブレスレットだ！

どんなプレゼントか楽しみだね！

はい、どうぞ！

アレンジ 折り紙のサイズに応じて冠や首飾りにしてみてもよいでしょう。

きらきら星
訳詞／武鹿悦子　フランス民謡

きらきら ひかる
おそらの ほしよ
まばたき しては
みんなを みてる
きらきら ひかる
おそらの ほしよ

7月 壁面 & 保育グッズ

保育者お役だちネタ

梅雨が明けると夏本番！ 暑さに負けず、快適に過ごせるように室内を工夫できるといいですね。

壁面　UFOに乗って天の川へGO！

天の川へ出発！ あっ、織り姫と彦星が仲よくお出迎えしてくれていますよ。

作り方

用意するもの：色画用紙／紙テープ／はさみ／フェルトペン／のり／カッターナイフ

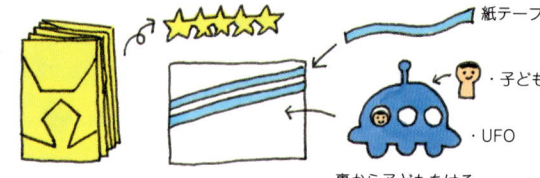

じゃばら折り（6等分）にして切る。

紙テープ

・子ども
・UFO

裏から子どもをはる。

この壁面では、P.22の3歳児の「2枚重ねの織り姫・彦星」を使用。

※子どもの人数に合わせて配置は変えるとよいでしょう。

部屋かざり くるくる吹き流し

室内が涼やかな雰囲気になります。

作り方

用意するもの：●色画用紙 ●はさみ ●フェルトペン ●のり

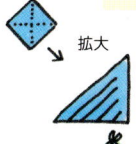
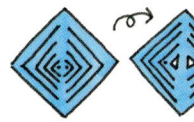

❶ 三角形に4つ折りをし、図のように切る。

❷ ❶を開き、図のように・同士をはり合わせる。これを裏表と交互に繰り返す。

部屋かざり あさがおモビール

お部屋にアサガオが咲きました。

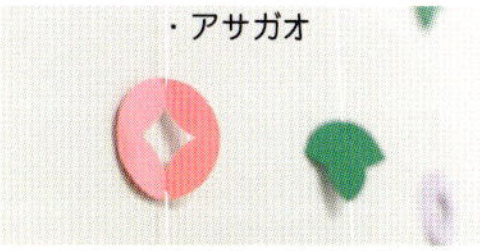

・アサガオ
・葉っぱ

作り方

用意するもの：●色画用紙 ●はさみ ●糸 ●フェルトペン ●のり

・アサガオ

4つ折りにして切る。

・葉っぱ

半分に折って切る。

型紙

〈壁面〉UFO に乗って天の川へ GO!

・UFO
・五連星
　じゃばら折り
　（6等分）
・流れ星
・子ども
2つ折り

〈部屋かざり〉くるくる吹き流し

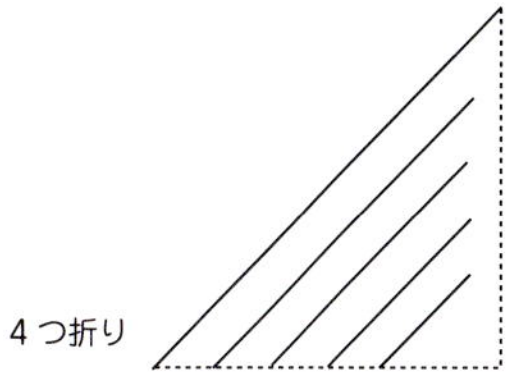

4つ折り　※200％拡大

〈部屋かざり〉あさがおモビール

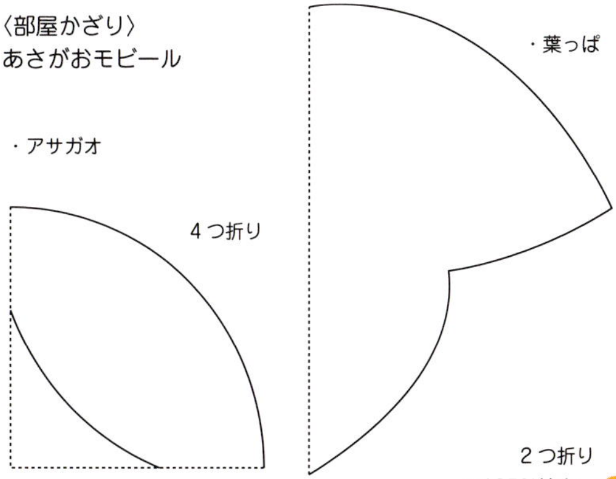

・アサガオ　　・葉っぱ

4つ折り

2つ折り　※125％拡大

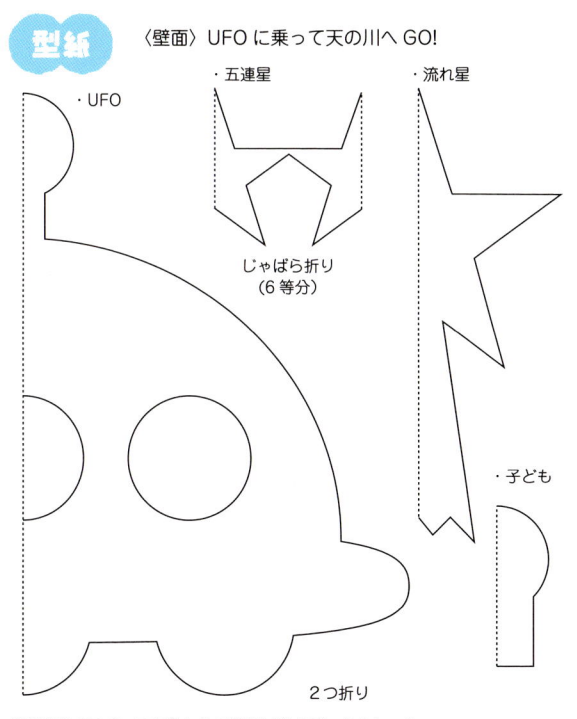

※保育室のスペースに合わせて倍率は変えていきましょう。

27

8月 子どものあそびネタ

夏真っ盛り。海の生き物やうちわを作って、涼やかな気分になれるとよいですね。

チョキチョキ はさみあそび

くるりんサカナ 3歳児

ワクワクイカ 4歳児

チョキチョキカニ 5歳児

キラキラ花火のうちわ 3歳児

にっこりヒマワリのうちわ 4歳児

ドキドキドーンうちわ 5歳児

3歳児

1回切りで同じ長さに切ってみよう
くるりんサカナ

作り方

用意するもの：色画用紙(体・しっぽ)、紙テープ、はさみ、のり、クレヨン

❶紙テープを同じ長さに切る。

❷色画用紙(体)に顔を描く。しっぽをはる。

❸紙テープを輪にして留め、はる。

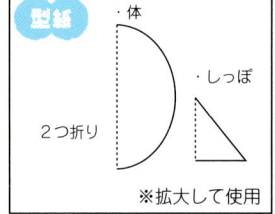
型紙　体・しっぽ　2つ折り　※拡大して使用

キラキラテープを切ってみよう
キラキラ花火のうちわ

作り方

用意するもの：色画用紙(丸)、割りばし、厚紙、キラキラテープ(のり付き)、はさみ、のり、紙テープ

❶色画用紙(丸)に割りばしと厚紙を挟み、はり合わせる。

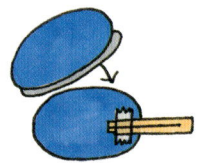

❷キラキラテープを1回切りし、うちわにはる。

❸割りばしの端を紙テープで巻いてはる。

準備のポイント！

キラキラテープは子どもが切りやすい長さに切り、取りやすいところにはっておく。

連続切りを楽しもう
ワクワクイカ

作り方

用意するもの: 色画用紙 ・絵の具 ・はさみ ・のり ・クレヨン

❶色画用紙でイカの頭、本体、足を自由に切っていく。

❷絵の具でイカの足に指スタンプ。

❸頭、本体、足をはり合わせていく。

❹顔を描く。

ななめに切り落としてみよう
にっこりヒマワリのうちわ

作り方

用意するもの: 色画用紙 ・色画用紙（丸）・厚紙（うちわ形）・はさみ ・のり ・クレヨン

❶花びらは細く切り、片方の先を細くする。葉っぱを自由に切る。

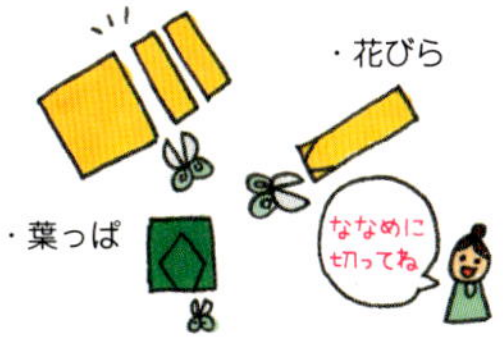

❷色画用紙（丸）に顔を描く。

❸❷の裏側に花びらをはっていく。

❹うちわに❸と葉っぱをはる。

イメージしながら切ってみよう
チョキチョキカニ

作り方

用意するもの: 色画用紙 ・モール ・はさみ ・のり ・クレヨン ・セロハンテープ

❶カニの足、本体、目、手を自由に切る。

❷本体を筒状にする。手はモールに付けて、それぞれのパーツを筒の内側にはっていく。

❸目は半分に折ったモールにくっ付けてからセロハンテープで裏からはる。

❹目と口を描く。

8つ折りを自由に切ってみよう
ドキドキドーンうちわ

作り方

用意するもの: 色画用紙 ・折り紙 ・うちわ ・はさみ ・のり ・クレヨン

❶折り紙を8つ折りして、好きな形に切る。

❷❶を開いてうちわにはる。

❸クレヨンで模様を描く。

準備のポイント！
夜空をイメージできる色の色画用紙をはっておく。

29

8月 あそび&シアター

保育者が演じる

夏ならではの遊びを夢中になって楽しめるような環境づくりができるとよいですね。

あそび ドキドキぶらさげ虫

夏の虫たちを逃してしまわないかハラハラドキドキ。

用意するもの：色画用紙　クリップ　ワイヤー（アルミ）　空き箱　はさみ　ニッパーなど　ビニールテープ　フェルトペン

遊び方　バランスを考えながら、ワイヤーの左右に虫を引っ掛けていきましょう。

ドキドキ

わたしもかける！

作り方

① 半分に折り、切る。

② ①の先に穴をあけ、クリップを通す。

③ 図のようにワイヤーを曲げて天秤を作る。箱に穴をあけ、ワイヤーを固定する。ワイヤーの先はビニールテープを巻く。

アレンジ　9月はいろいろな色のトンボを用意して、遊んでみましょう。

型紙

〈あそび〉ドキドキぶらさげ虫
・クワガタムシ　・カブトムシ　・トンボ

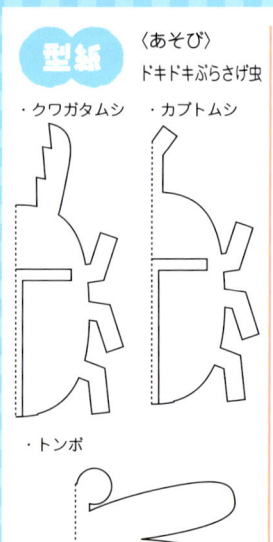

2つ折り
※200％拡大

〈シアター〉どんな花火かな？
・ネズミの花火　・ウサギの花火　・ゾウの花火

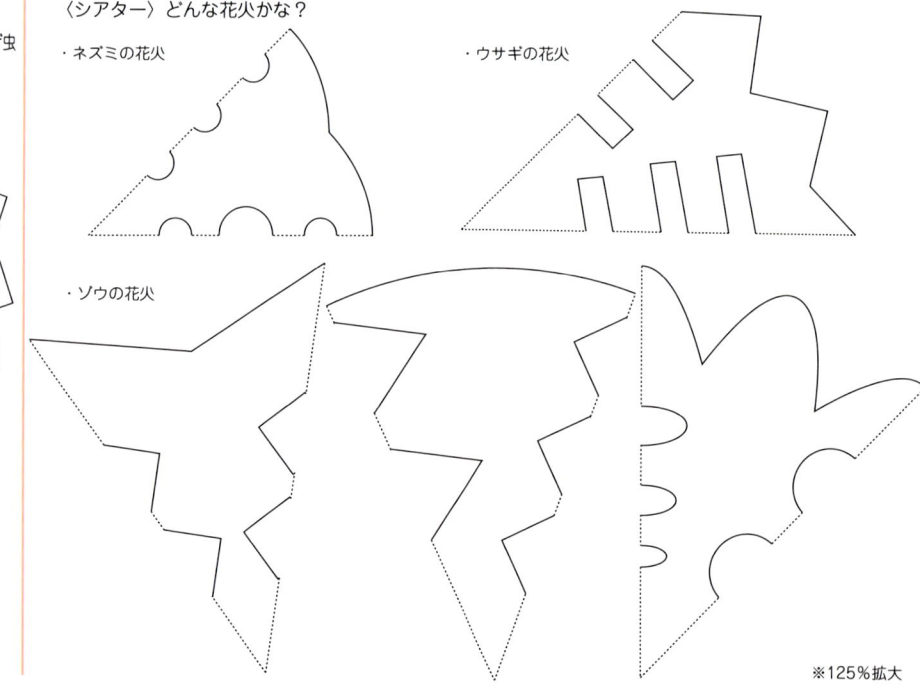

※125％拡大

シアター どんな花火かな？

花火を出すタイミングをつかんで子どもたちの期待を膨らませましょう！

用意するもの	●色画用紙　●折り紙　●フェルトペン　●はさみ　●のり　●セロハンテープ

準備
パネル

ネズミの花火／ウサギの花火／ゾウの花火

● ネズミの花火（八つ切りの1/4サイズ）を半分に折り、下半分をじゃばら折り（4等分）にして、上半分に折り紙で切った花火をはる。
● ウサギの花火（八つ切りの1/2サイズ）を半分に折り、下半分をじゃばら折り（4等分）にして、上半分に折り紙で切った花火をはる。
● ゾウの花火（八つ切り2枚を縦にセロハンテープでつなげる）を下から1枚目と半分までじゃばら折り（12等分）にして、上半分に折り紙で切った花火をはる。

1 子どもたちに問いかける。

「夏といえば花火だよね！みんなは花火した？」

「今日は先生のお友だちがみんなに花火を見せたいんだって！楽しみだね。」

2 ネズミの花火を上げる。

「1人目はネズミくん！チューチュー！どんな花火かな？」

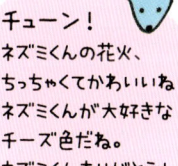

「チューン！ネズミくんの花火、ちっちゃくてかわいいね！ネズミくんが大好きなチーズ色だね。ネズミくんありがとう！」

3 ウサギの花火を上げる。

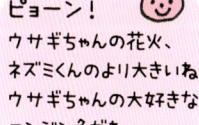

「2人目はウサギちゃん！ピョンピョン！どんな花火かな？」

「ピョーン！ウサギちゃんの花火、ネズミくんのより大きいね。ウサギちゃんの大好きなニンジン色だね。ウサギちゃんありがとう！」

4 ゾウの花火を上げる。

「3人目はゾウくん！パオーンパオーン！どんな花火かな？」

「あれれ？まだかな？ヒュ〜〜〜〜〜」

「パオ〜〜〜ン！ゾウくんの花火は大迫力だね。とってもきれいな花火でした。ゾウくんありがとう。」

★最後まで広げたら、少し間を空けて、子どもたちの期待を膨らまそう！

8月 壁面 & 保育グッズ

チョキチョキ

保育者お役だちネタ

本格的な夏がやってきました。室内をさわやかに飾り、心地良く過ごせるとよいですね。

壁面 クジラといっしょにスイスイ

クジラといっしょにみんなのサカナもスイスイ泳いでいます。気持ち良さそうですね。

作り方

| 用意するもの | ●色画用紙　●スズランテープ　●はさみ
●てんしシール（白）　●フェルトペン　●のり |

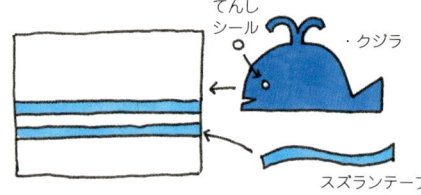

この壁面では、P.28の3歳児の「くるりんサカナ」を使用。

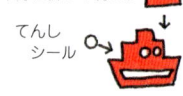

※子どもの人数に合わせて配置は変えるとよいでしょう。

カード 暑中見舞い

暑い日が続きますが子どもたちは元気に過ごしているでしょうか？

● ペンギンカード
● スイカカード
● ヨットカード

作り方

用意するもの: 色画用紙　折り紙　スズランテープ　はさみ　フェルトペン　のり

● ペンギンカード

・パラソル　・ペンギン

半分に折って切る。

● スイカカード

・スイカ　男の子　女の子　スズランテープ

半分に折って切る。

● ヨットカード

・波　・ヨット

それぞれのパーツを切ってはる。

型紙

〈壁面〉クジラといっしょにスイスイ

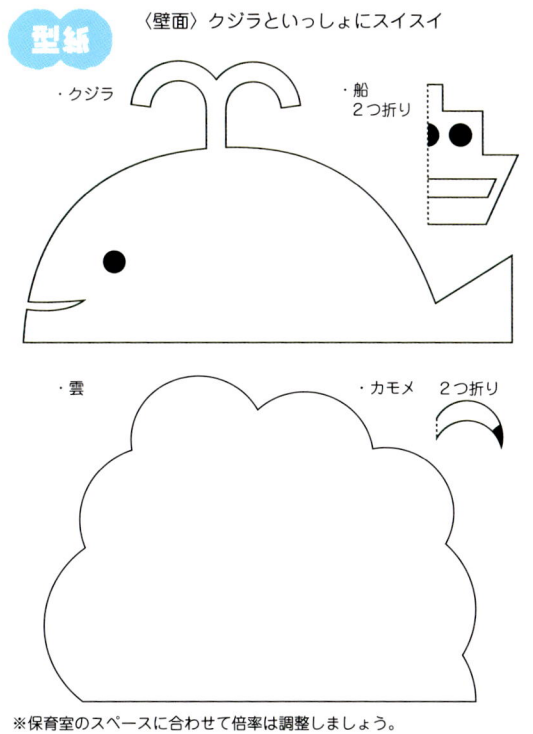

・クジラ　・船 2つ折り　・雲　・カモメ 2つ折り

※保育室のスペースに合わせて倍率は調整しましょう。

〈カード〉暑中見舞い

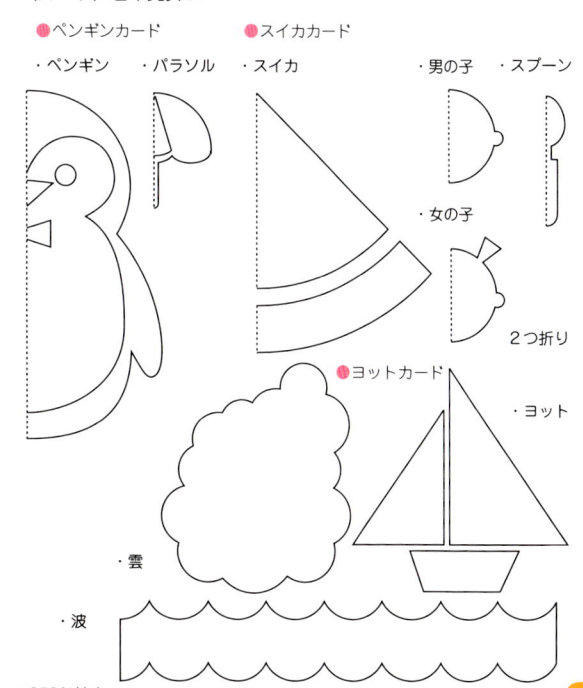

● ペンギンカード: ・ペンギン　・パラソル
● スイカカード: ・スイカ　・男の子　・スプーン　・女の子　2つ折り
● ヨットカード: ・ヨット　・雲　・波

※250％拡大

33

9月 はさみあそび

子どものあそびネタ

ブドウやコスモス、トンボなど秋ならではのものを作ってみよう。夏から秋の自然の変化に気づけるとよいですね。

チョキチョキ

くるんとブドウ 3歳児
輪つなぎブドウ 4歳児
まるまるブドウ 5歳児

にこにこコスモス 3歳児

おしゃれトンボ 4歳児

タヌキくんとススキ 5歳児

3歳児

細く切ってみよう
くるんとブドウ

作り方

用意するもの：●色画用紙 ●色画用紙（じく） ●はさみ ●のり

❶色画用紙を細長く切る。

まっすぐチョキチョキチョキ

❷端と端をくっ付けて、輪を作る。

❸輪を並べてくっ付ける。

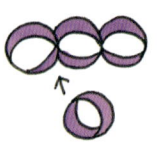

❹図のように折ったじくをはる。

2つ折りを斜めに切り落とそう
にこにこコスモス

作り方

用意するもの：●色画用紙 ●色画用紙（丸） ●ストロー ●はさみ ●のり ●クレヨン

❶色画用紙を細く切る。

❷❶を半分に折り、両端を斜めに切り落とす。

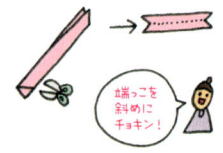
端っこを斜めにチョキン！

❸色画用紙（丸）に顔を描く。

❹顔の裏に❷をはり合わせていき、ストローをはる。

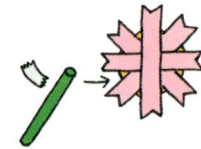

34

4歳児

連続切りでたくさん切ってみよう
輪つなぎブドウ

作り方

用意するもの：折り紙／色画用紙（葉）／のり／モール／セロハンテープ／はさみ

❶ 折り紙を細長く切る。

まっすぐチョキチョキチョキ

❷ 自由に鎖を作る。

❸ くるくるにしたモールに葉をはる。

❹ モールに鎖を通す。

2つ折りを切り抜いてみよう
おしゃれトンボ

作り方

用意するもの：色画用紙／色画用紙（胴体・目）／はさみ／のり／クレヨン

❶ 色画用紙を長く2本切る。

❷ クレヨンで胴体に模様を描き、筒状にする。

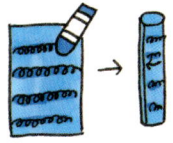

❸ ❶を半分に折り、好きな形に切り抜く。

どんな模様になるかな？

❹ 本体に❸と目をはる。

5歳児

まるをいっぱい切ってみよう
まるまるブドウ

作り方

用意するもの：色画用紙／色画用紙（葉）／モール／はさみ／のり／クレヨン

❶ 角を切り落として、丸をたくさん作る。

角を見つけてチョキ！

❷ 丸をはり合わせていき、くるくるにしたモールと葉をはる。

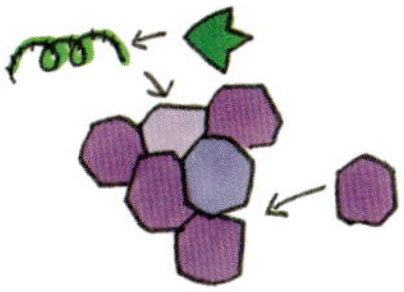

❸ ❷に顔を描き込む。

準備のポイント！

いろいろな色の色画用紙を小さめに切っておく。

スズランテープを細く切ろう
タヌキくんとススキ

作り方

用意するもの：色画用紙／色画用紙（タヌキ）／スズランテープ／はさみ／のり／クレヨン／セロハンテープ

❶ スズランテープを細く切ってから、同じ長さに切る。

スズランテープを細く切ってね

❷ 色画用紙で筒を作り、周りに❶をはる。

❸ 色画用紙（タヌキ）に顔を描き、耳を切ってはる。裏にススキをはる。

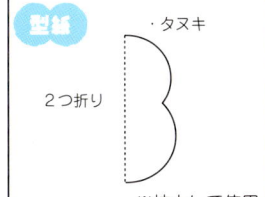

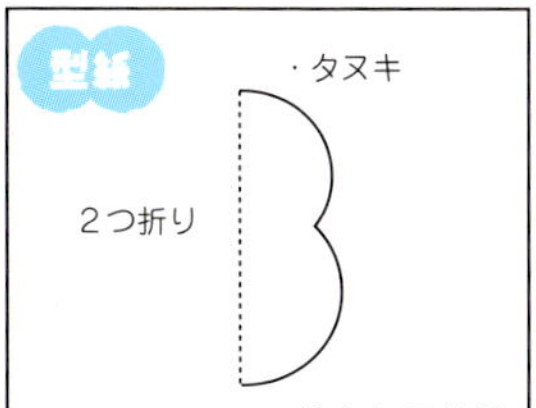

型紙　・タヌキ　2つ折り　※拡大して使用

35

9月

あそび & シアター

保育者が演じる

秋の自然にみんなでいっしょに親しめるように、保育者が積極的に興味を持てる機会を取り入れていきましょう。

あそび　トンボ飛ばし大会

友達といっしょにトンボを飛ばして遊びましょう。

用意するもの　●色画用紙　●ストロー　●てんしシール　●はさみ　●セロハンテープ　●フェルトペン

遊び方

だれのトンボが1番遠くまで飛ぶか競争してみましょう。

せーのっ！

作り方

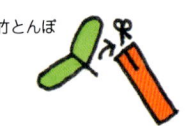

❶半分に折って切る。
❷ストローに目を描いたてんしシールをはり、裏からもはり合わせる。❶をはる。

※同じトンボの羽で竹とんぼも作れます。

・竹とんぼ
ストローに上から切り込みを入れ、❶を図のように差す。

アレンジ　竹とんぼも飛ばして遊んでみましょう。

型紙

〈あそび〉
トンボ飛ばし大会

・トンボの羽

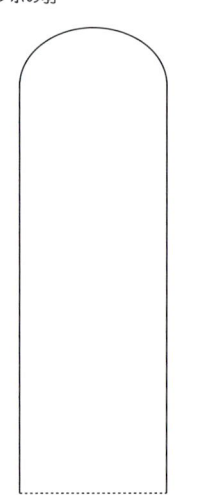

2つ折り　　※原寸

〈シアター〉ウサギのもちつき

・月

じゃばら折り
（4等分）

・くし　　　　　谷折り
のりしろ

・きね

・団子

・うす

・ウサギ

2つ折り

※200％拡大

36

シアター ウサギのもちつき♪

お月見にぴったり！ 月を見てイメージを膨らませるとよいですね。

用意するもの: ●色画用紙 ●はさみ ●のり

準備

〈表〉
- じゃばら折り（4等分）にして月を切る。
- 図〈表〉のように左から2番目は月見をしているウサギ、4番目にはもちつきをしているウサギをそれぞれはる。

〈裏〉
- 図〈裏〉のように、串をはり、谷折りにしておく。

① 月を見せる。

見て見て、まんまるお月さまが現れたよ。まんまるのお月さまって何ていうか知ってる？

まんげつー！

② 月をめくって、おもちつきをしているウサギを見せる。

そうだね。満月になると、お月さまの中で楽しいことが行なわれるんだって。ちょっとのぞいてみよう！

ペッタンペッタン ペッタンペッタン…何か聞こえてきたよ！

ゆっくりめくる

わぁー！

ウサギさんがおもちをついている音だったんだね！ペッタンペッタン！

少し揺らす

おいしいおもちできたらいいね。

ゆっくり閉じる

③ もう一度、月をめくってお月見をしているウサギを見せる。

ウサギさん、おもちつきがんばっていたね。もう一度のぞいてみようか！

ムシャムシャムシャムシャ…あれ？さっきと違う音がするね！

ウサギさん、おもち食べてるよ！ いいなー！ みんなもおもち食べたい？

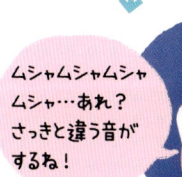

たべたーい！

④ 裏側を開いて、おもちを広げる。

じゃあ、ウサギさんにおもちをおすそ分けしてもらおう！

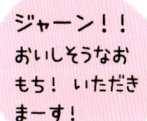

両側から広げる。

ジャーン！！おいしそうなおもち！ いただきまーす！

37

9月 壁面&保育グッズ

保育者お役だちネタ

チョキチョキ

保育室に秋の自然のモチーフを取り入れて、季節の変化に興味を持ってもらえるとよいですね。

壁面 おいしい秋見つけた！

秋の食べ物たちが大集合！「これなあに？」「どんな味か知ってる？」など、子どもたちとのやりとりを楽しんでみましょう。

作り方

用意するもの: ●麻ひも ●色画用紙 ●はさみ ●フェルトペン ●のり ●カッターナイフ

2つに折って切る。
※ほかの果物も同様に

・リンゴ
・トロッコ
・麻ひも
・女の子

> この壁面では、P.35の5歳児の「まるまるブドウ」を使用。

※子どもの人数に合わせて配置は変えるとよいでしょう。

カード 敬老カード

おじいちゃん、おばあちゃんに心のこもったメッセージを。

● 花カゴカード
● おかおカード

作り方

用意するもの: 色画用紙、はさみ、のり、フェルトペン、カッターナイフ

●花カゴカード
・コスモス
半分に折って、切る。 
フェルトペンで葉っぱを描く。
斜線部分をはり合わせる。

●おかおカード 
半分に折って切り、髪の毛をはって顔を描く。
※おだんごにするとおばあちゃんになります。

部屋かざり 秋の果物モビール

秋のおいしそうな果物が食欲をそそります。

・ブドウ
・葉っぱ
・洋ナシ

作り方

用意するもの: 色画用紙、糸、はさみ、のり

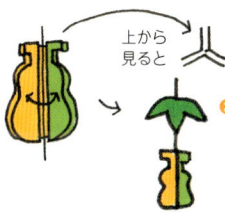

① 半分に折って同じ形を3枚切る。
上から見ると
② 糸を挟んで、半分に折った3枚の隣の面同士をはり合わせる。

型紙

〈壁面〉おいしい秋見つけた！

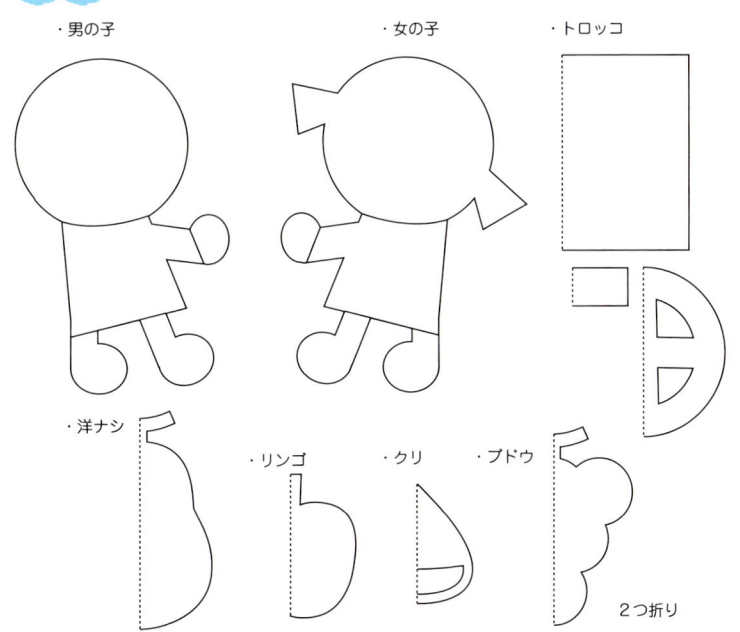

・男の子　・女の子　・トロッコ
・洋ナシ　・リンゴ　・クリ　・ブドウ
2つ折り

※保育室のスペースに合わせて倍率は変えていきましょう。

〈カード〉敬老カード

●花カゴカード 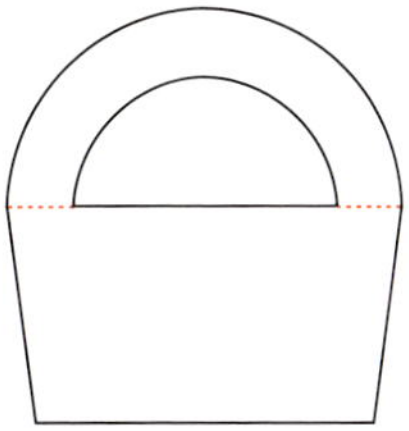
谷折り
・コスモス 
2つ折り

●おかおカード 
※500％拡大

〈部屋かざり〉秋の果物モビール
・葉っぱ 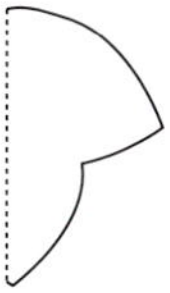
※洋ナシ・ブドウは〈壁面〉を流用
2つ折り
※330％拡大

39

10月 チョキチョキはさみあそび

子どものあそびネタ

秋のおいしい自然物を製作する中で、子どもたちといっしょに秋を感じていきたいですね。

- カボチャのおかお （3歳児）
- じゃばらカボチャ （4歳児）
- ぽよんカボチャ （5歳児）
- ワクワクサツマイモ （3歳児）
- イガグリぼうや （4歳児）
- 変身！秋のくだもの （5歳児）

3歳児

角を切り落とそう
カボチャのおかお

作り方

用意するもの：色画用紙・色画用紙（じく）・折り紙・はさみ・のり

❶色画用紙の角を切り落とす。 
❷細く切った折り紙を三角形に切り落とす。 
　（小さい三角をたくさん切ってね）
❸❷を使って顔を作る。 
❹カボチャのじくをくっ付ける。

角を切り落としていこう
ワクワクサツマイモ

作り方

用意するもの：色画用紙・モール・はさみ・セロハンテープ・のり・クレヨン

❶色画用紙の角を切り落として、形を整える。 
　（くるくる回しながら）
❷❶に顔やサツマイモの模様を描く。 
❸❶と同様に角を切り落とす。 
　（さっきより小さくくるくる）
❹模様を描いた葉っぱとくるくるにしたモールを裏からセロハンテープではる。

40

4歳児

角を丸く切ってみよう
じゃばらカボチャ

作り方

用意するもの: ●色画用紙 ●色画用紙（じく） ●はさみ ●のり

❶ 角を丸く切る。

❷ ❶をじゃばら折りにする。

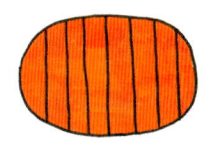

❸ 好きなところで目、鼻、口を切り抜く。

❹ カボチャのじくをくっ付ける。

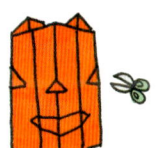

2つ折りで曲線を切ってみよう
イガグリぼうや

作り方

用意するもの: ●色画用紙 ●はさみ ●のり ●クレヨン

❶ 色画用紙を半分に折り、図のように切る。

❷ いろいろな色の色画用紙を細く切る。

❸ ❷を❶にはり付け、顔を描く。

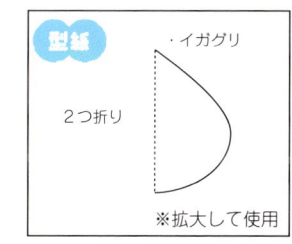

型紙: ・イガグリ　2つ折り　※拡大して使用

5歳児

長く切り進めよう
ぽよんカボチャ

作り方

用意するもの: ●色画用紙 ●はさみ ●のり

❶ 色画用紙を長細く切る。

❷ 中心の筒を作り、筒の内側に❶をはっていく。

❸ 筒の反対の内側にも❶をはる。カボチャのじくをくっ付ける。

❹ 顔のパーツを切ってはる。

3枚重ねを切ってみよう
変身！秋のくだもの

作り方

用意するもの: ●折り紙 ●はさみ ●のり ●クレヨン

❶ 折り紙を3枚重ねで半分に折って切る。

❷ 3枚のそれぞれの面を隣とはり合わせる。

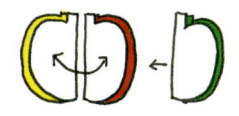

❸ 3枚それぞれに顔を描く。

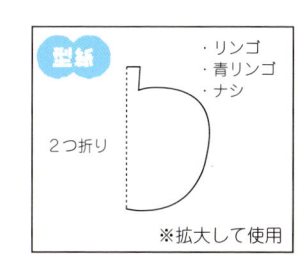

型紙: ・リンゴ ・青リンゴ ・ナシ　2つ折り　※拡大して使用

41

10月 保育者が演じる あそび&シアター

チョキチョキ

「あの遊び、またやりたい！」と子どもたちが意欲的に取り組めるように工夫できるといいですね。

あそび　でんぐり返りでヨーイドン！

カメとウサギの動きがとてもユニークです。

用意するもの　● 色画用紙　● はさみ　● セロハンテープ　● フェルトペン　● ビー玉

遊び方
机を斜めに立てて、人形を転がしましょう。

ヨーイドン！　がんばれー！

作り方
① 半分に折って切り、開いて顔を描く。
② 後ろの帯の端を手と手の付け根部分にはって輪を作り、ビー玉を入れる。
③ 左右の帯を輪の内側に入れ、セロハンテープではる。

アレンジ　違う動物も増やして、動物運動会をしてもよいですね。

型紙

〈あそび〉でんぐり返りでヨーイドン！

・ウサギ　・カメ

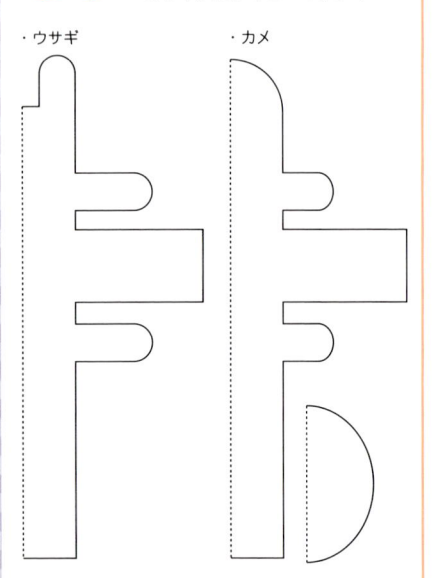

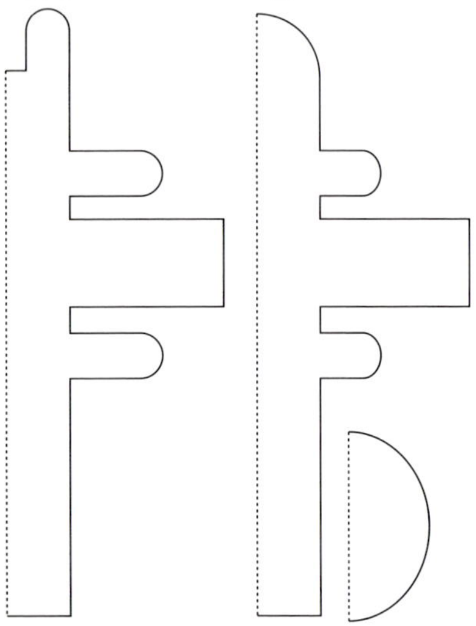

2つ折り　※250％拡大

〈シアター〉秋の味覚クイズ

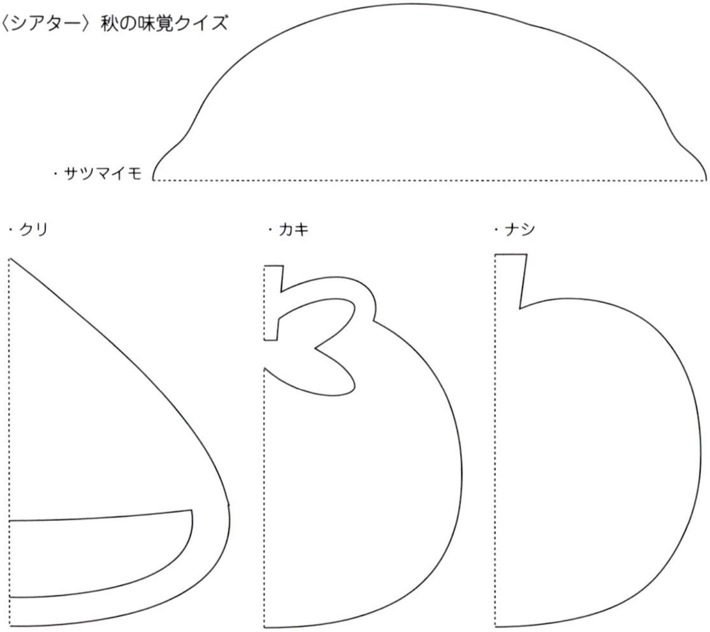

・サツマイモ

・クリ　・カキ　・ナシ

2つ折り　※八つ切りサイズを使用する際は、300％に拡大すると、ちょうどよい大きさになります。

42

シアター　秋の味覚クイズ♪

食欲の秋。クイズで楽しく秋の食べ物を知ってもらいましょう。

用意するもの　●色画用紙　●フェルトペン　●はさみ

準備

絵人形

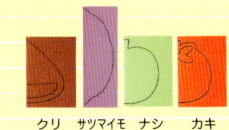

クリ　サツマイモ　ナシ　カキ

●クリ・サツマイモ・ナシ・カキは、それぞれ色画用紙を2つ折りにして下描きをしておく。

1　子どもたちに語りかける。

今日は秋のおいしい食べ物を紹介するよ！　どんな食べ物が出てくるかな？

2　色画用紙（茶色）を見せて、クリを切る。

1つ目の食べ物は茶色！

さて、この食べ物なんでしょう？

クリ〜！

ごはんに混ぜて食べたりするよ！　もともとイガイガのお洋服を着ているんだよ。

チョキチョキ

そう！　クリだね！

パクッ！　おいしい！

3　2と同様に、色画用紙（紫）を見せて、サツマイモを切る。

2つ目の食べ物は紫色！

土の中に埋まっていて掘り起こすよ。スイートポテトになるよ。

チョキチョキ

そう！　サツマイモ！　あ〜ん！

4　2と同様に、色画用紙（黄緑）を見せて、ナシを切る。

3つ目の食べ物は黄緑色！

食べるときにシャキシャキておいしい音がする果物だよ！

チョキチョキ

そう！　ナシ！　いただきま〜す！

5　2と同様に、色画用紙（橙色）を見せて、カキを切る。

4つ目の食べ物は橙色！

この果物には、甘いのとしぶいのがあるんだよ。

チョキチョキ

そう！　カキでした！　パクッ！

6　締めくくる。

おなかいっぱい！　おいしかった！

秋の食べ物がいっぱい集まったね！　ほかにもどんな食べ物があるか見つけてみてね！

バリエーション → リンゴ・サンマ・シイタケなどでやってみてもよいでしょう。

10月 壁面&保育グッズ

保育者お役だちネタ

チョキチョキ

子どもたちの大好きなハロウィンが近づいてきました。かわいいおばけやカボチャを飾って雰囲気を味わいましょう。

壁面 カボチャのおばけがやって来た

トリック・オア・トリート！ お城はとってもにぎやか。ハロウィンパーティーの始まりです。

用意するもの
- 色画用紙
- スズランテープ
- はさみ
- フェルトペン
- のり
- 両面テープ
- カッターナイフ

作り方

・城
❶半分に折って切る。 ❷裏から色画用紙をはる。

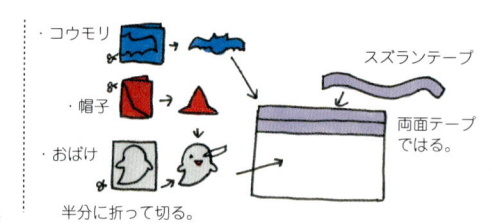

・コウモリ
・帽子
・おばけ
半分に折って切る。

スズランテープ
両面テープではる。

この壁面では、P.41の4歳児の「じゃばらカボチャ」を使用。

※子どもの人数に合わせて配置は変えるとよいでしょう。

カード 運動会グッズ

子どもたちの活躍を思いながら作れるとよいですね。

● ゾウのプログラム
● トロフィーメダル

作り方

用意するもの：色画用紙、折り紙、はさみ、フェルトペン、リボン、セロハンテープ、のり

● ゾウのプログラム
・帽子
・裏からはる
・ボール

半分に折って、ゾウを切る。

● トロフィーメダル

順にはっていき、リボンをテープで留める。

部屋かざり ハロウィンモビール

おばけとカボチャがゆらゆら。とってもかわいいです。

・立体カボチャ
・おばけ
・平面カボチャ

作り方

用意するもの：色画用紙、のり、糸、はさみ、カッターナイフ

❶ 半分に折って切る。
❷ 型紙の点線に合わせて折る。
❸ 穴をあけて糸を通し、つなげていく。

型紙

〈壁面〉カボチャのおばけがやって来た

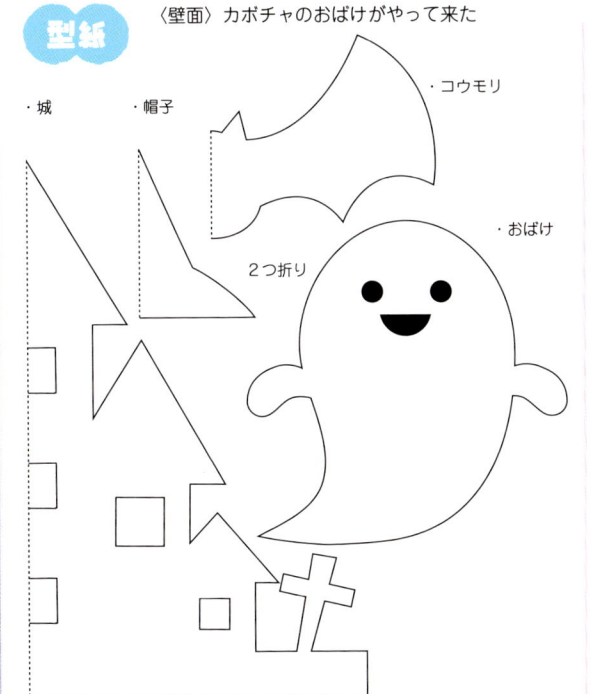

・城
・帽子
・コウモリ
・おばけ
2つ折り

※保育室のスペースに合わせて倍率は変えていきましょう。

〈カード〉運動会グッズ

● ゾウのプログラム
・帽子
・ボール 2つ折り
● トロフィーメダル
・ゾウ

※500％拡大

〈部屋かざり〉ハロウィンモビール

・立体カボチャ 山折り 谷折り
・おばけ
・平面カボチャ
2つ折り

※200％拡大

45

11月 チョキチョキはさみあそび

子どものあそびネタ

木の実や落ち葉などの自然物に興味を持てる機会をつくってから製作に取り組めるとよいですね。

- ウキウキドングリ（3歳児） 
- ぽかぽかドングリ（4歳児） 
- じゃばらドングリ（5歳児） 
- あったかミノムシ（3歳児） 
- 木の葉のネックレス（4歳児） 
- 立体キノコ（5歳児）

3歳児

角を落としていこう
ウキウキドングリ

用意するもの：色画用紙・フラワーペーパー・モール・はさみ・のり・クレヨン・セロハンテープ

作り方
1. 角を切り落としながら、形を整える。
2. ちぎったフラワーペーパーを❶にのりではる。
3. 顔を描く。
4. 角を切り落として作った手足をモールに付け、裏からはる。

（角をチョキチョキ　ドングリはどんな形かな？）

直線切りを楽しもう
あったかミノムシ

用意するもの：色画用紙・色画用紙（丸）・ペーパー芯・折り紙・はさみ・のり・クレヨン

作り方
1. 折り紙を半分に切り、細く切り落とす。
2. ペーパー芯に折り紙を巻き、その上から❶をのりではる。
3. 色画用紙（丸）に顔を描く。
4. ❷に❸をのりではる。

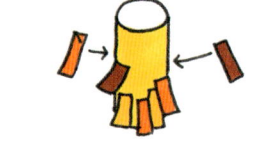

（ミノムシさんのお洋服だよ）

46

4歳児

毛糸を切ってみよう
ぽかぽかドングリ

作り方

用意するもの: ●色画用紙 ●毛糸 ●はさみ ●のり ●クレヨン

❶色画用紙で本体と帽子を切ってはる。

❷毛糸を切る。

❸帽子に毛糸をはり、顔を描く。

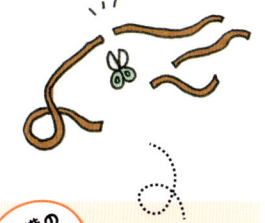

準備のポイント！
毛糸は子どもが切りやすい長さに切っておきましょう。

2つ折りを切ろう
木の葉のネックレス

作り方

用意するもの: ●折り紙 ●色画用紙 ●はさみ ●のり ●クレヨン

❶色画用紙を半分に折って切り、開いて模様や顔を描く。

❷折り紙を細長く切り、鎖を作る。

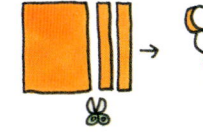

❸鎖で輪を作り、その上に❶をはる。

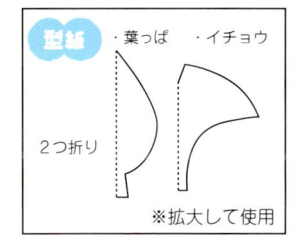

型紙: ・葉っぱ ・イチョウ
2つ折り
※拡大して使用

5歳児

イメージしながら切ってみよう
じゃばらドングリ

作り方

用意するもの: ●色画用紙 ●はさみ ●のり ●クレヨン

❶帽子と本体は角を丸く、手足は細長く4本切る。
・帽子 ・本体 ・手足

角を丸くしてね
紙をくるんと回すよ

❷帽子と手足をじゃばら折りにする。

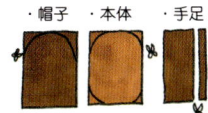

❸本体に顔を描く。

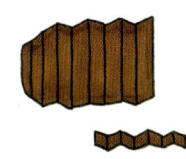

❹帽子と手足を本体にはる。

2枚重ねを切ってみよう
立体キノコ

作り方

用意するもの: ●色画用紙 ●てんしシール ●はさみ ●セロハンテープ

❶半分に折って、半円を2枚切る。

❷❶にてんしシールをはる。

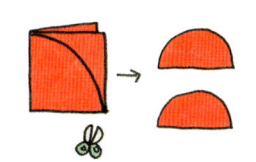

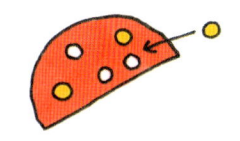

❸半分に折った❷2枚をセロハンテープでくっ付ける。色画用紙を筒状にし、裏からはる。

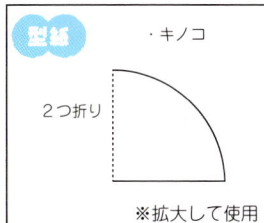

型紙: ・キノコ
2つ折り
※拡大して使用

47

11月 あそび＆シアター

保育者が演じる

チョキチョキ

秋の自然物がより身近に感じられるように季節を感じる遊びを用意しましょう。

あそび ひらひらイモムシのお布団

葉っぱが的に入りそうで入らない！ やみつきになる遊びです。

用意するもの ●色画用紙 ●はさみ ●のり ●フェルトペン ●モール ●セロハンテープ

遊び方 上から葉っぱを落として、イモムシのおうちに葉っぱのお布団を入れてあげましょう。

寒くなってきたなぁ
おふとんあげるね！

作り方
・葉っぱ 
・イチョウ 半分に折って切る。
イモムシの顔を描く。半分に折ったモールで触角を作る。
細長く切った色画用紙2本を交互に折っていく。

アレンジ 本物の落ち葉を拾ってきて、遊びに取り入れてもよいでしょう。

型紙

〈あそび〉ひらひらイモムシのお布団
・モミジ ・イチョウ
・葉っぱ ・イモムシの顔
2つ折り ※250％拡大

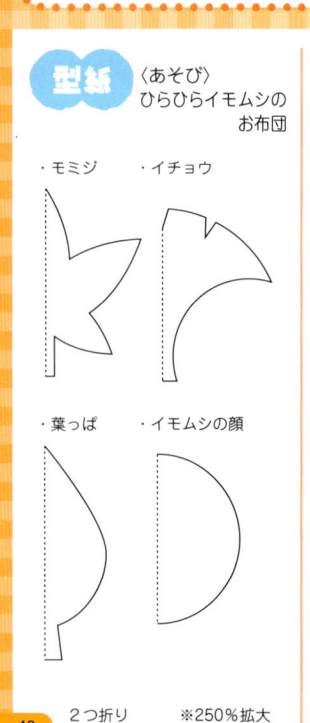

〈シアター〉かくれてるのだあれ？
・トンボ
・キツネ
・ドングリ
・カマキリ

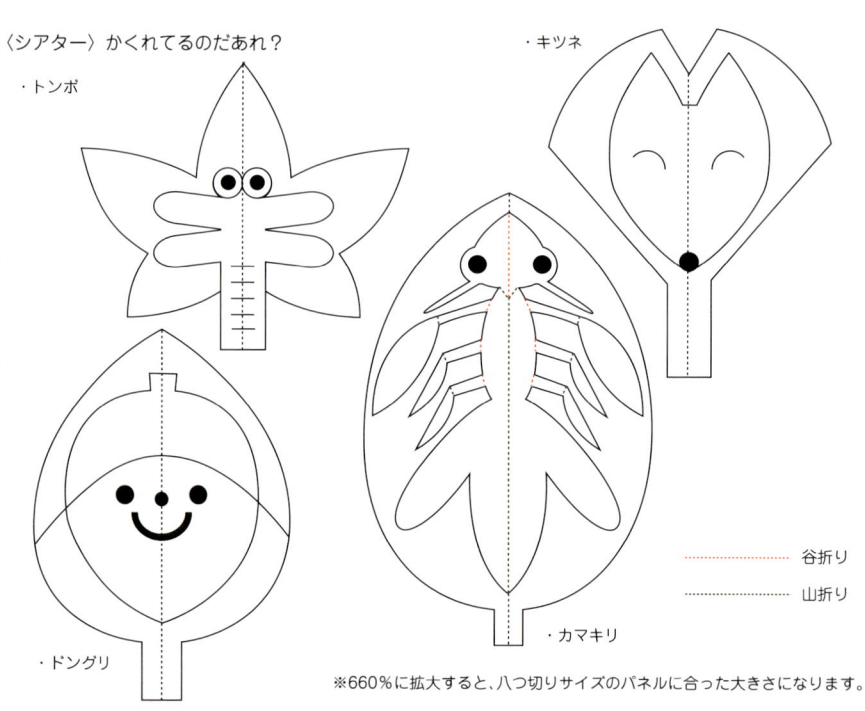

谷折り
山折り

※660％に拡大すると、八つ切りサイズのパネルに合った大きさになります。

シアター かくれてるのだあれ？

葉っぱに隠れているお友達を当ててみてね。

用意するもの
- 色画用紙
- フェルトペン
- はさみ

準備

絵人形

ドングリ　トンボ

カマキリ

- 葉っぱは色画用紙を2つ折りにして切っておく。
- 葉っぱを広げて、ドングリ・トンボ・カマキリの型の跡を芯の出ていないシャープペンシルなどで付ける。
- ドングリ・トンボ・カマキリのパーツをフェルトペンで描き込んでおく。

① 3枚の葉っぱを見せる。

ここに葉っぱが3枚あるよ。実はこの葉っぱに隠れているお友達がいるの。だれだろうね。

② ドングリを切る。

まずひとり目のお友達を探してみよう！

だれが出てくるかな？

チョキチョキ

みんなはだれと思う？

見～つけた！ドングリくんでした！

③ トンボを切る。

ふたり目のお友達も探してみよう！

見～つけた！トンボくんでした！

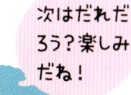

だれかな？だれかな？

次はだれだろう？楽しみだね！

チョキチョキ

④ カマキリを切る。

最後のお友達も探してみよう！

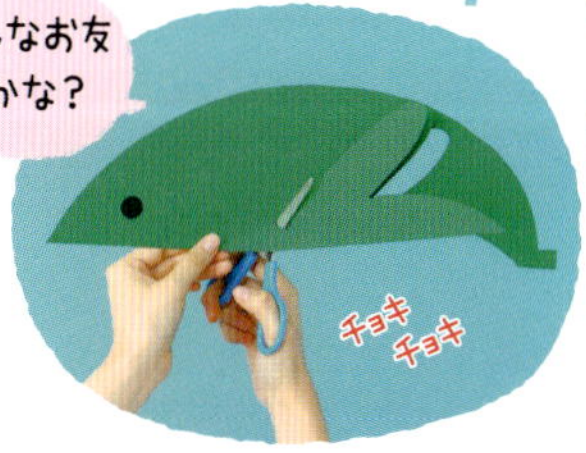

どんなお友達かな？

チョキチョキ

あれ？だれだろう？

あっ！ちょっと待ってね！

★折る

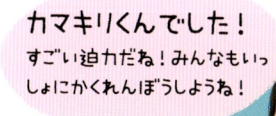

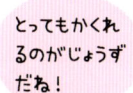

とってもかくれるのがじょうずだね！

カマキリくんでした！すごい迫力だね！みんなもいっしょにかくれんぼうしようね！

バリエーション ➡ キツネもやってみましょう！

49

11月 壁面 & 保育グッズ

保育者お役だちネタ
チョキチョキ

戸外で見つけたきれいな葉っぱや木の実に、子どもたちは夢中！ 子どもの夢中に気づいて環境づくりができるとよいですね。

壁面 ドングリの紅葉パーティ

紅葉で色づいた秋の森にドングリくんたちが大集合！ 今にも踊りだしそう！

作り方

用意するもの：●色画用紙 ●はさみ ●クレヨン ●のり

・イチョウ
半分に折って切る。　木にはる。

・モミジ
半分に折って切る。

・ふたば
半分に折り、切り株にはる。

この壁面では、P.46の3歳児の「ウキウキドングリ」を使用。

※子どもの人数に合わせて配置は変えるとよいでしょう。

カード　作品展グッズ

子どもたちががんばって取り組んだ作品展を盛り上げる一助に！

● きのこカード
● 葉っぱの名前札

用意するもの：色画用紙・はさみ・半紙・カッターナイフ・フェルトペン・のり・絵の具・てんしシール

作り方

● きのこカード
① 半分に折って切り、カッターナイフで窓を2つ切り抜く。
② 中にキノコ形の色画用紙をはり、てんしシールでイモムシに。

● 葉っぱの名前札
① 半分に折って切る。
② 絵の具で染め紙をしたものを①にはる。

部屋かざり　落ち葉とミノムシモビール

つるすだけで保育室内の秋らしさがアップ！

・ミノムシ
・イチョウ
・モミジ

用意するもの：色画用紙・糸・はさみ・フェルトペン・のり

作り方

・イチョウ
・モミジ
半分に折って切る。

穴をあけて糸を通す。

・ミノムシ
半分に折って切り、はり合わせる。

型紙

〈壁面〉ドングリの紅葉パーティ
・切り株
・ふたば　2つ折り
・木

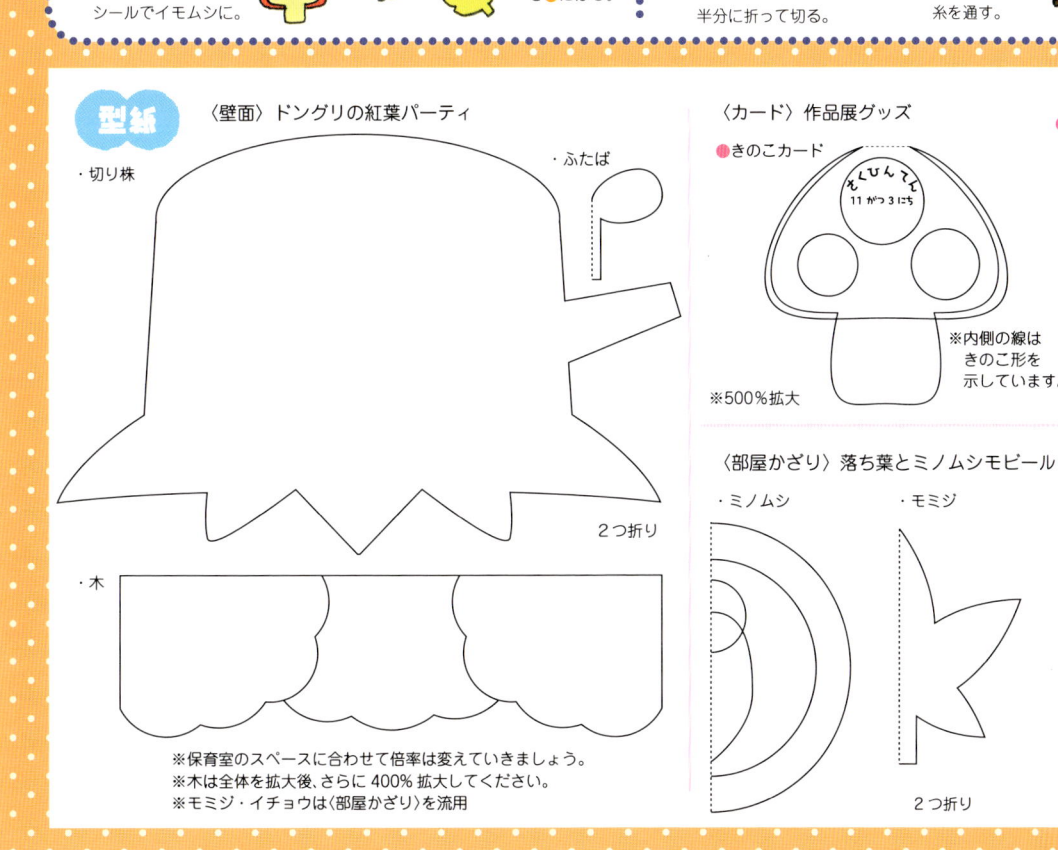

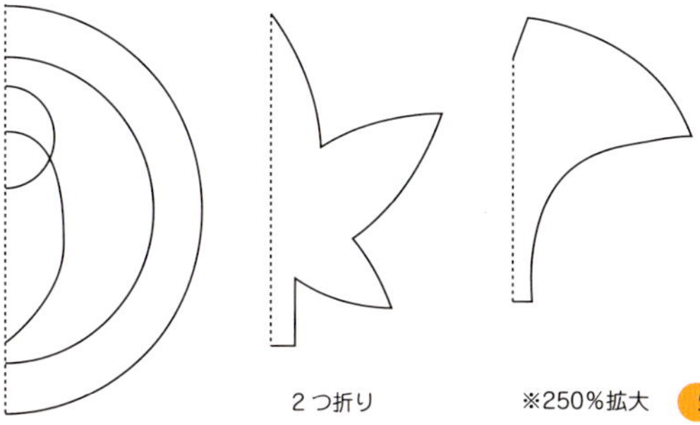

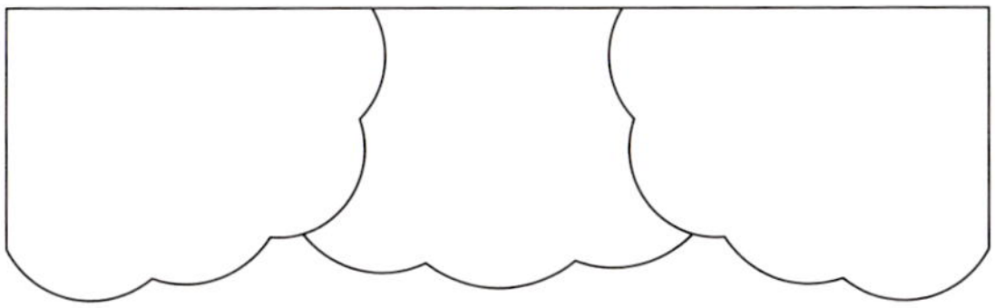

〈カード〉作品展グッズ
● きのこカード
※内側の線はきのこ形を示しています。
※500％拡大
2つ折り

● 葉っぱの名前札
2つ折り

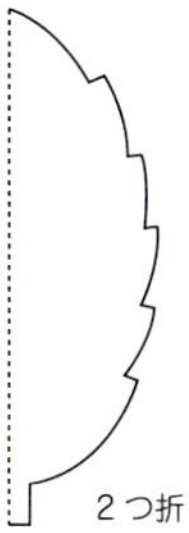

〈部屋かざり〉落ち葉とミノムシモビール
・ミノムシ　・モミジ　・イチョウ
2つ折り　※250％拡大

※保育室のスペースに合わせて倍率は変えていきましょう。
※木は全体を拡大後、さらに400％拡大してください。
※モミジ・イチョウは〈部屋かざり〉を流用

51

12月 はさみあそび

子どものあそびネタ

メリークリスマス！ クリスマスが待ち遠しくなるような製作あそびができるとよいですね。

チョキチョキ

- 三角ツリー（3歳児）
- じゃばらツリー（4歳児）
- 立ってキラキラツリー（5歳児）
- あったかブーツ（3歳児）
- ワクワクリース（4歳児）
- ぶらぶらサンタクロース（5歳児）

3歳児

三角形を3枚切ってみよう
三角ツリー

作り方

用意するもの
- 折り紙
- 色画用紙（星飾り）
- てんしシール
- モール
- はさみ
- のり
- セロハンテープ

❶ 折り紙を半分に2回切り、角から角へ切り進む。幹を切る。

❷ ❶をはり合わせて、てんしシールをはる。

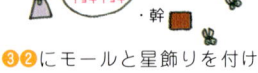

❸ ❷にモールと星飾りを付ける。

準備のポイント！
モール、星飾り、てんしシールは使う分だけ切って分けておきましょう。

毛糸を切ってみよう
あったかブーツ

作り方

用意するもの
- 色画用紙（ブーツ形）
- 毛糸
- はさみ
- のり
- クレヨン
- セロハンテープ

❶ 毛糸を切る。

❷ 色画用紙（ブーツ形）に顔や模様を描く。

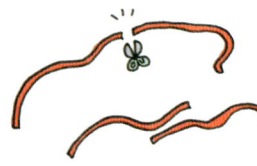

❸ ブーツの上部分に毛糸を巻いてセロハンテープで裏から留める。

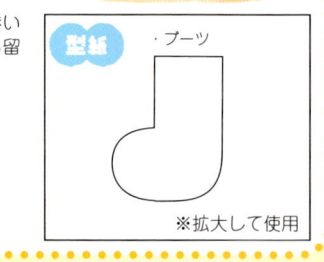

型紙 ・ブーツ
※拡大して使用

52

4歳児

まるを切り抜いてみよう
じゃばらツリー

作り方

用意するもの: 色画用紙 ・色画用紙（星飾り）・はさみ ・のり ・セロハンテープ ・クレヨン

❶ じゃばら折り（8等分）をする。

❷ 図のように丸く切り抜き、細く切り半分に折った色画用紙を裏からはる。

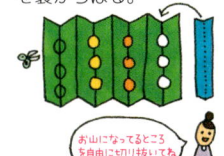

お山になってるところを自由に切り抜いてね。

❸ 幹を切って模様を描き、四角形で鉢を作る。

❹ 上をセロハンテープで留め、星飾りをはり、❸を底にはる。

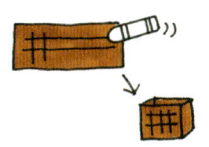

4つ折りで曲線を切ってみよう
ワクワクリース

作り方

用意するもの: 色画用紙 ・キラキラテープ ・てんしシール ・はさみ ・のり

❶ 4つ折りをして円を切る。

短いほうから紙を回してチョキチョキチョキ

❷ 半分に折って切り、開いた❶にはる。

❸ キラキラテープやてんしシールで装飾する。

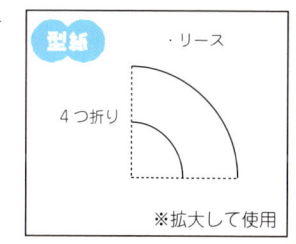

型紙
・リース
4つ折り
※拡大して使用

5歳児

じぐざぐに切ってみよう
立体キラキラツリー

作り方

用意するもの: 色画用紙 ・キラキラテープ ・てんしシール ・はさみ ・のり ・クレヨン

❶ 半分に折って切る。同じものを3枚。

切りたいほうにはさみを向けてね。じぐざぐできるかな？

❷ 半分に折った❶1枚の片面に残りの2枚の片面をはり、キラキラテープやてんしシールで装飾をする。

❸ 半分に折って星を切ってはる。色画用紙を輪にして、4箇所切り込みを入れて挟む。

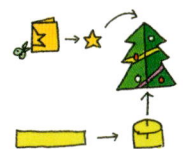

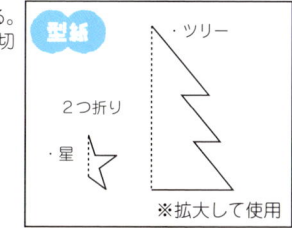

型紙
・ツリー
2つ折り
・星
※拡大して使用

三角形と丸を切ってみよう
ぶらぶらサンタクロース

作り方

用意するもの: 色画用紙 ・綿 ・毛糸 ・はさみ ・のり ・クレヨン

❶ 帽子、顔、服、手、靴を切る。
・帽子 ・顔 ・靴 ・手 ・服

サンタさんはどんな帽子をかぶっているのかな？

❷ 顔を描き、帽子とひげをはる。

❸ 手と靴は毛糸にくっ付けてから服にはる。

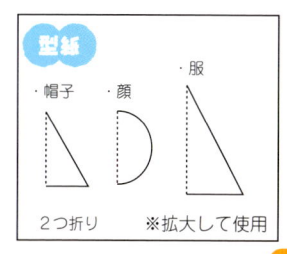

型紙
・帽子 ・顔 ・服
2つ折り ※拡大して使用

53

12月 あそび & シアター

保育者が演じる

チョキチョキ

クリスマスならではの子どもたちのワクワク感を受け止めて、楽しい雰囲気をつくれるとよいですね。

あそび ツリーを飾ろう！

ツリーを飾り付けてクリスマスらしさアップ！

用意するもの　●色画用紙　●はさみ　●のり　●セロハンテープ　●パンチ　●ハンガー（針金）　●ゼムクリップ

作り方

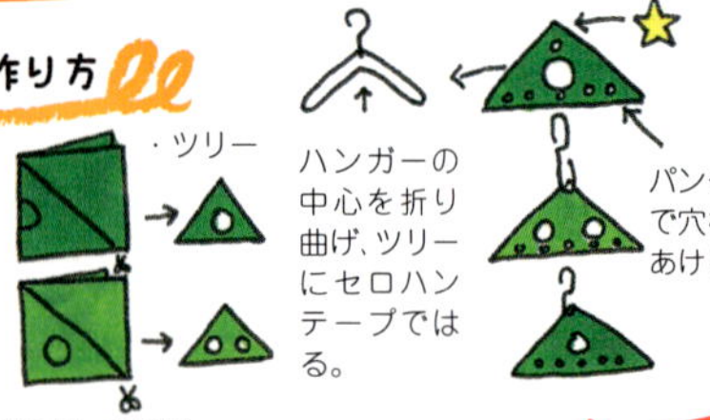

・ツリー
半分に折って切る。

ハンガーの中心を折り曲げ、ツリーにセロハンテープではる。

パンチで穴をあける。

ゼムクリップを上下に広げ、ブーツやプレゼント、つえ、星などの裏にセロハンテープを留める。

遊び方
ツリーの穴に飾りを引っ掛けていきます。

よいしょ！　できた！

アレンジ　ツリーのバランスを意識しながら、友達と交互に飾り付けてもよいでしょう。

型紙

〈あそび〉ツリーを飾ろう！

・プレゼント　・ツリー　・つえ　・ツリー　・ブーツ　・星

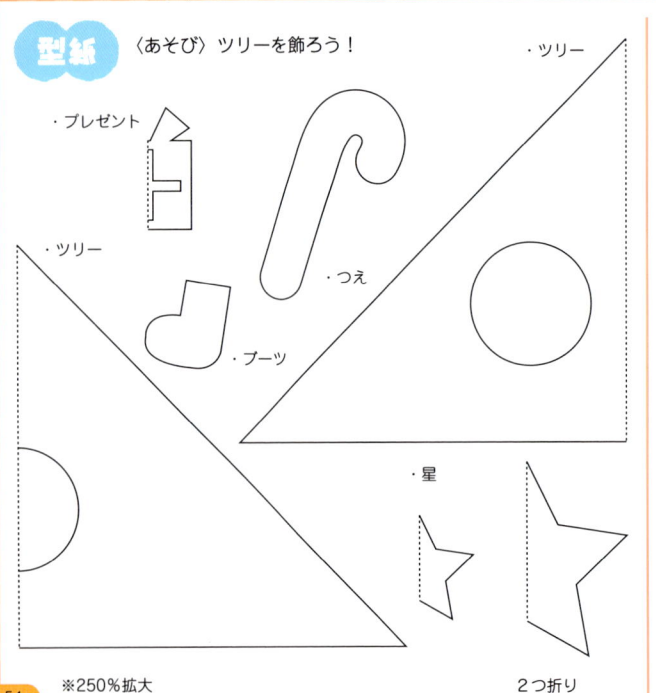

※250％拡大　2つ折り

〈シアター〉プレゼントな〜んだ？
※ネズミ、ウサギ、クマはP.6〈シアター〉を流用

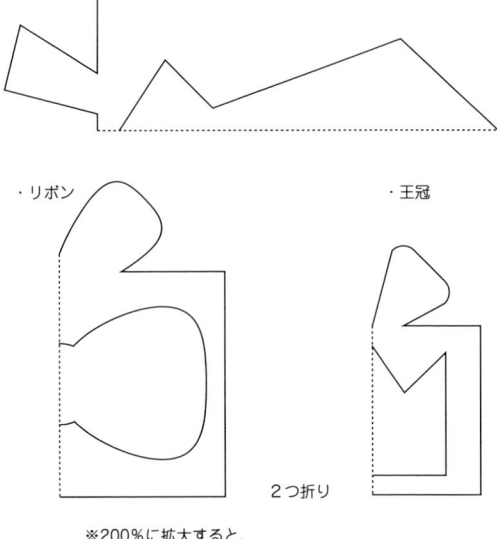

・ネクタイ　・リボン　・王冠

2つ折り

※200％に拡大すると、八つ切りサイズのパネルに合った大きさになります。

54

シアター プレゼントなーんだ？

クリスマス前にピッタリのシアターです。プレゼントの中身を当ててもらいましょう。

用意するもの
- 色画用紙
- フェルトペン
- はさみ
- 両面テープ
- パネル（段ボールに色画用紙をはっておく）

準備

パネル
- 色画用紙で切ったネズミ・ウサギ・クマをはっておく。
- プレゼントをはる位置に両面テープをはっておく。

絵人形
- プレゼントは色画用紙を2つ折りにして切っておく。
- プレゼントの中身は2つ折りのままで下描きをしておく。

王冠　リボン　ネクタイ

1 パネルを設置する。

もうすぐクリスマスだね！ひと足先にサンタさんからプレゼントをもらったんだって！何をもらったのかな？

2 ネズミのプレゼントを切って、パネルにはる。

ネズミのチュー太くんへのプレゼントは何かな？チュー太くんが開けてみたよ！

チュー太くん、頭に乗せるかっこいいものが欲しいって言ってたな〜

開けてみたよ！これ何かわかるかな？

じゃ〜ん！王冠でした。大正解！

チュー太くん、王様みたいでかっこいいね。

おうかん〜！

3 ②と同様にウサギのプレゼントを切ってはる。

ウーちゃん、耳に付けるかわいいアクセサリーが欲しいって言ってたな〜。何かな？

リボンでした！

ウーちゃん、リボンがとっても似合ってるね！

あ〜い！

4 ②と同様にクマくんのプレゼントを切ってはる。

クーマンは首に付けるおしゃれなものが欲しいって言ってたな〜。何かな？

ネクタイでした！

クーマン、ネクタイを付けたお父さんみたい！

やったー！

5 締めくくる。

チュー太くんもウーちゃんもクーマンもよかったね！みんなもサンタさんからのプレゼント楽しみだね〜！

12月 壁面 & 保育グッズ

保育者お役だちネタ

チョキチョキ

ドキドキワクワクのクリスマスです。室内もにぎやかにクリスマス一色で飾り付けられるとよいですね。

壁面 サンタクロースとトナカイがやって来た！

みんなのすてきなツリーを飾ってサンタクロースとトナカイをお出迎え！ よい子にはプレゼントが待っていますよ。

作り方

用意するもの: 色画用紙・はさみ・フェルトペン・のり・カッターナイフ

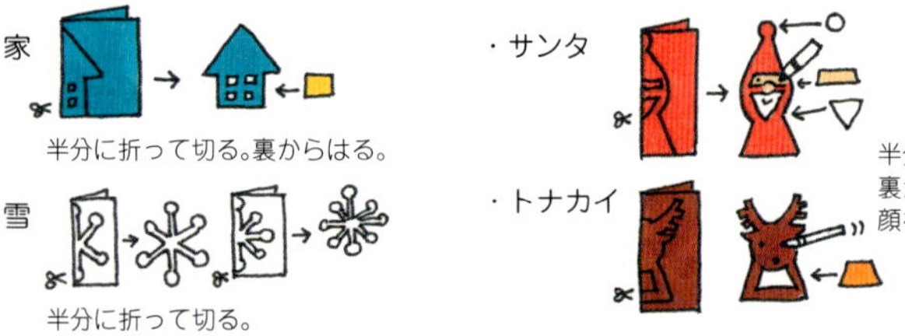

・家 → 半分に折って切る。裏からはる。
・雪 → 半分に折って切る。
・サンタ
・トナカイ → 半分に折って切り、裏からはって顔を描く。

この壁面では、P.52の3歳児の「三角ツリー」を使用。

※子どもの人数に合わせて配置は変えるとよいでしょう。

カード クリスマスカード

手作りカードを子どもたちに渡して、ハッピーメリークリスマス！

● ツリーカード

● リースカード

作り方

用意するもの
- 色画用紙
- はさみ
- フェルトペン
- カッターナイフ

● ツリーカード
ツリーは半分に折って切り、装飾。

● リースカード
※サンタは壁面の作り方参照。 
リースは半分に折って切り、キラキラテープやスパンコールで装飾。中からサンタをはる。

部屋かざり 1枚切りオーナメント

ツリーに飾れる、かんたんアイテム！

作り方

用意するもの
- 色画用紙
- のり
- 糸
- はさみ
- カッターナイフ

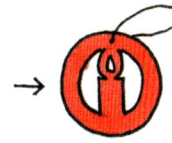

半分に折って切り、穴をあけ糸を通す。

型紙

〈壁面〉サンタクロースとトナカイがやって来た！

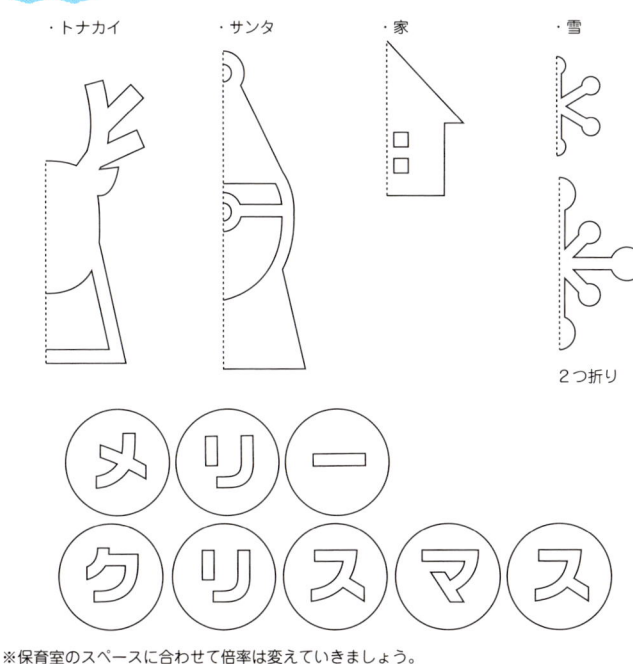

- トナカイ
- サンタ
- 家
- 雪（2つ折り）

メリークリスマス

〈カード〉クリスマスード

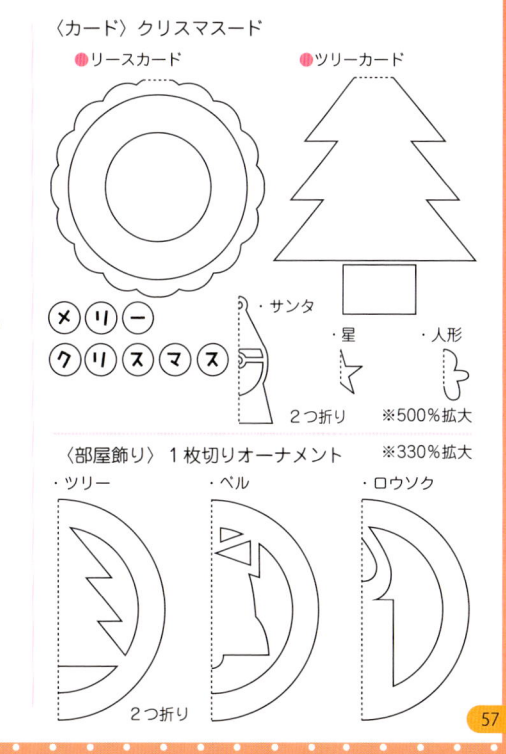

● リースカード
● ツリーカード
・サンタ
・星
・人形
メリークリスマス
2つ折り　※500％拡大

〈部屋飾り〉1枚切りオーナメント　※330％拡大
・ツリー
・ベル
・ロウソク
2つ折り

※保育室のスペースに合わせて倍率は変えていきましょう。

1月 チョキチョキ はさみあそび

子どものあそびネタ

楽しく作りながら、子どもたちにお正月の伝統的な遊びなどを伝えていけるとよいですね。

- にこにこビニールだこ（3歳児）
- とくべつやっこだこ（4歳児）
- 干支の六角だこ（5歳児）
- つきたてかがみもち（3歳児）
- しましまごま（4歳児）
- ころころだるまさん（5歳児）

3歳児

ビニール袋を切ってみよう
にこにこビニールだこ

作り方

用意するもの：ビニール袋／平棒（適度な長さに切る）／はさみ／油性フェルトペン／セロハンテープ

❶ ビニール袋に図のように油性フェルトペンで下描きをする。

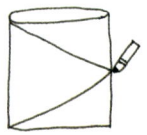

❷ 線に沿って切る。
（線の上をまっすぐ切れるかな？）   

❸ ❷を開いて、顔や模様を描く。

❹ ❸に平棒とスズランテープをはる。（たこ糸を付けて実際に遊んでみよう）

角を切り落としていこう
つきたてかがみもち

作り方

用意するもの：色画用紙／色画用紙（三方）／クレヨン／はさみ／のり／絵の具

❶ 角画用紙の角を切り落として、形を整える。
・もち　・ミカン
（角を見つけてチョキチョキ。おもちとミカンはどんな形かな？）

❷ 三方に❶をはり合わせる。

❸ ❷に顔を描く。

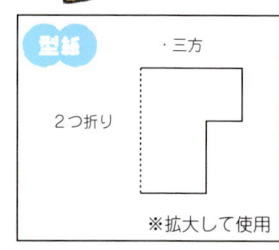

型紙　・三方
2つ折り
※拡大して使用

58

4歳児

2つ折りを切り落としてみよう
とべとべやっこだこ

作り方

用意するもの: ●色画用紙 ●千代紙（折り紙） ●はさみ ●のり ●クレヨン

❶折り紙を半分に折って着物を切る。

まっすぐチョキチョキ 角を曲がってチョキチョキ

❷色画用紙で手、帯、顔、脚を切り、顔を描く。

・手 ・帯 ・顔 ・脚

❸❶と❷をはる。

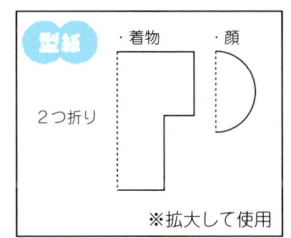

型紙: ・着物 ・顔　2つ折り　※拡大して使用

三角形・長方形を切ってみよう
しましまごま

作り方

用意するもの: ●色画用紙 ●紙テープ ●はさみ ●のり ●割りばし

❶こま（上・下）を図のように切る。

・上 ・下　まっすぐチョキチョキ

❷紙テープを半分に折り、切り抜いたり、細く切ったりする。

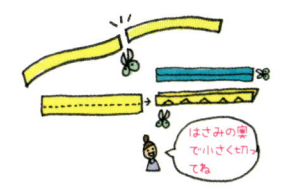

はさみの裏で小さく切ってね

❸こま（上）に❷をはって、端を裏に折ってテープで留める。こま（上・下）をくっ付ける。

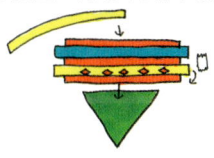

❹裏から割りばしをセロハンテープではる。

5歳児

絵に合わせて切ってみよう
干支の六角だこ

作り方

用意するもの: ●色画用紙 ●はさみ ●のり ●クレヨン

❶色画用紙に干支の絵を描く。

❷絵に沿って切る。

絵を切らないように気をつけてね

❸半分に折ってたこと2本の脚を切って、❷もいっしょにはる。

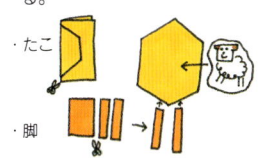

・たこ ・脚

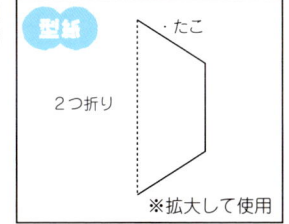

型紙: ・たこ　2つ折り　※拡大して使用

2つ折りを切り抜いてみよう
ころころだるまさん

作り方

用意するもの: ●色画用紙 ●折り紙（金） ●はさみ ●のり ●クレヨン

❶色画用紙を半分に折って切る。

小さい方を先に切り抜いてね

❷顔と模様を切り、❶を開いてはる（顔は裏から、模様は表に）。

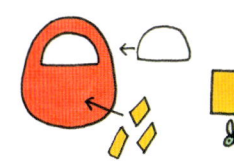

❸顔を描く。

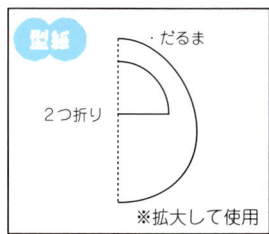

型紙: ・だるま　2つ折り　※拡大して使用

1月 あそび & シアター

保育者が演じる

1年の初めのとっても大切な行事です。お正月には楽しい遊びがめじろ押しです。

あそび ぐるぐるごま

身近な素材でこまを作ってみよう。

用意するもの: 紙皿 ・ 紙コップ ・ てんしシール ・ つまようじ ・ はさみ ・ セロハンテープ ・ 油性フェルトペン

作り方

●紙皿で
紙皿にてんしシールをはり、中心につまようじを差して、セロハンテープで固定する。

中心につまようじを差して、セロハンテープで固定する。

●紙コップで 
紙コップを切って、てんしシールや油性フェルトペンで模様を付ける。

遊び方

片手でかんたんに回すことができます。

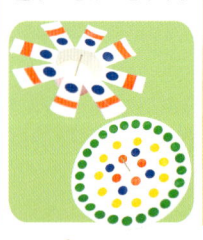

まわったー！

アレンジ だれがいちばん長く回せるか競争してみましょう。

型紙 〈シアター〉お正月遊びな〜んだ？

・こま（2つ折り）
・羽根  
・たこ 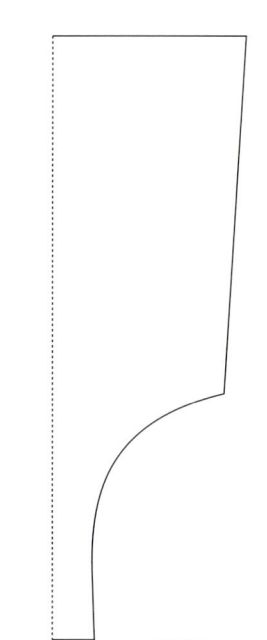 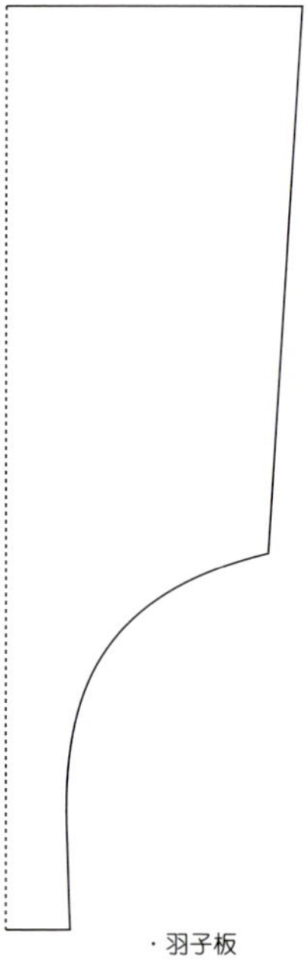
・羽子板

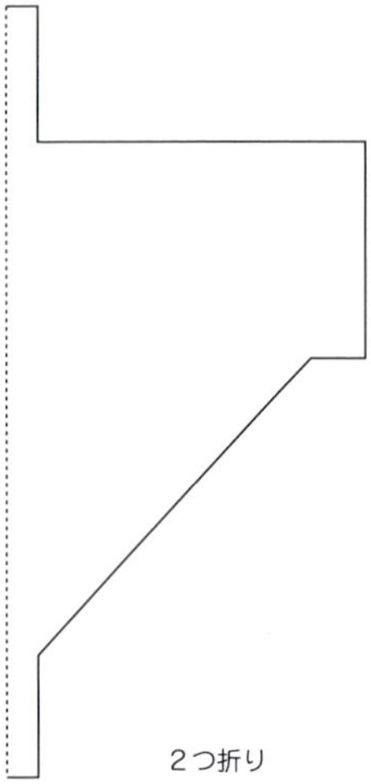

※八つ切りサイズを使用する際は、400％拡大にすると、ちょうどよい大きさになります。

シアター お正月遊びなーんだ？

お正月ならではの遊びをクイズで子どもたちに伝えましょう。

用意するもの
- 色画用紙
- フェルトペン
- はさみ
- 両面テープ
- パネル（段ボールに色画用紙をはっておく）

準備

絵人形

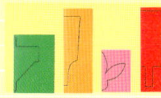

こま・羽根突き・羽根・たこ

●こま・羽子板・羽根・たこは色画用紙を２つ折りにしてそれぞれに下描きをしておく。

---

1 子どもたちとお正月のあいさつをする。

「みなさん、明けましておめでとうございます。」

「おめでとうございまーす！」

2 こまを切る。

「お正月は何をして遊んだかな？　先生が遊んだものを当ててみてね。」

「ひもを巻いて遊ぶよ！くるくる回るものなんだろう？」

チョキチョキ

「これ、何かわかるかな？」

「こま〜！」

パッ！

「じゃ〜〜ん！こまでした！」

「見て見て　先生、手の上でこま回せるんだよー！すごいでしょう。」

---

3 ❷と同様に羽子板・羽根を切る。

「２つのアイテムを使って遊ぶよ！」

「何かわかるかな？」

「２人で遊ぶんだよ。打ち合いをする遊びだよ。」

「はねつき〜！」

「羽根突きでした！　お友達と遊んでみてね！」

---

4 ❷と同様にたこを切る。

「お空に高く浮かべるよ。何かな？」

「たこ〜！」

パッ！

「そう！たこでした！」

「今度いっしょにたこを作ってみようね！」
（P.58〜59参照）

---

7 締めくくる。

「お正月の遊び知ってたかな？　ほかにもあるから探してみてね！」

1月 壁面 & 保育グッズ

保育者お役だちネタ

チョキチョキ

正月遊びを友達といっしょに楽しめるような環境づくりができるといいですね。

壁面 たこたこ高く揚がれ

みんなで元気にたこ揚げ。だれがいちばん高く揚げられるかな？

作り方

用意するもの：色画用紙 ● たこ糸 ● はさみ ● フェルトペン ● のり ● セロハンテープ

・男の子
・女の子
半分に折って切る。
・洋服
たこ糸を付ける。

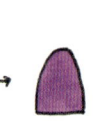

この壁面では、P.59の4歳児の「とべとべやっこだこ」を使用。

あけましておめでとう

※子どもの人数に合わせて配置は変えるとよいでしょう。

カード ワクワク年賀状

手作りの年賀状で新年のごあいさつ。今年も子どもたちといっしょに楽しく過ごせるとよいですね。

作り方

用意するもの：色画用紙、はさみ、ハガキ、フェルトペン、のり、絵の具

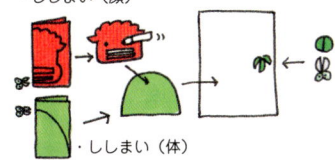

●ししまいカード
・ししまい（顔）
・ししまい（体）
半分に折って切り、はり合わせる。

●干支カード
・ミカン
・ウサギ
てんしシール
・紙垂（しで）
・花
半分に折って切る。

てんしシールを半分に切る。

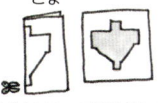

●こまカード
・こま
半分に折って切り抜く。

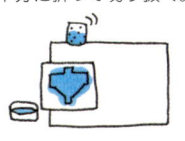

スポンジに絵の具を付けて、ステンシルをする。

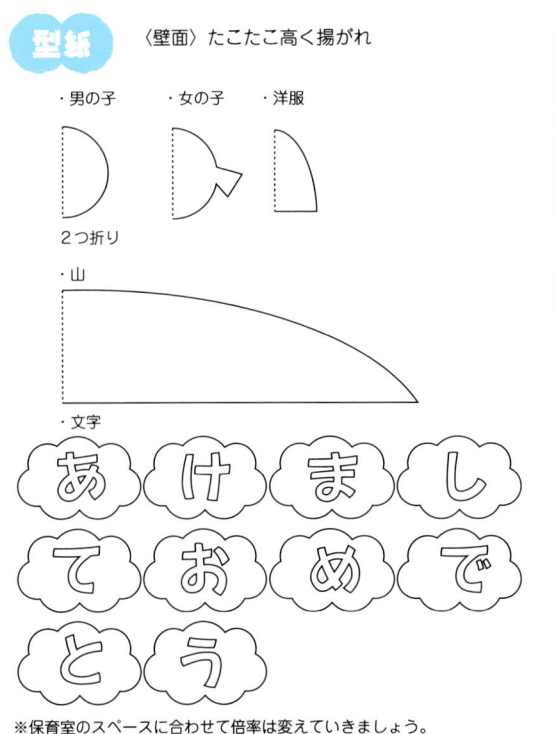

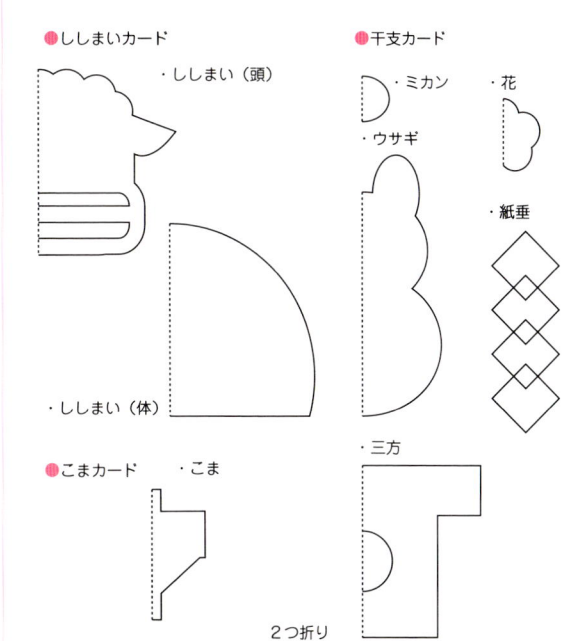

●ししまいカード　あけましておめでとうございます

●干支カード　あけましておめでとうございます

●こまカード　あけましておめでとうございます

型紙

〈壁面〉たこたこ高く揚がれ

・男の子　・女の子　・洋服
2つ折り

・山

・文字
あけましておめでとう

※保育室のスペースに合わせて倍率は変えていきましょう。

〈カード〉ワクワク年賀状

●ししまいカード
・ししまい（頭）
・ししまい（体）

●干支カード
・ミカン　・花
・ウサギ
・紙垂

●こまカード　・こま　・三方
2つ折り

※200％拡大

63

2月 子どものあそびネタ

寒さの厳しい月になりました。冬のいろいろな自然事象にふれ、子どもの好奇心を膨らませられるとよいですね。

チョキチョキ はさみあそび

- すっぽり鬼ぼうし 3歳児
- 1枚切りの鬼のお面 4歳児
- 変身！鬼のお面 5歳児
- まるまる雪だるま 3歳児
- ぽかぽか手袋 4歳児
- 結晶風のひらひら雪 5歳児

3歳児

封筒を切ってみよう
すっぽり鬼ぼうし

作り方

用意するもの：封筒（角形0号）、紙テープ、色画用紙、はさみ、のり、クレヨン

❶ 封筒を頭の長さに合わせて切る。
（まっすぐ切れるかな？）

❷ 紙テープを1回切り。
（1回でチョキンと切り落としてね）

❸ 角を裏からはり、顔を描く。

❹ ❷を髪の毛や角（細く切る）に見たててはる。

2つ折りで曲線を切ってみよう
まるまる雪だるま

作り方

用意するもの：色画用紙、ストロー、ボタン、はさみ、のり、クレヨン

❶ 半分に折って切る。
（2回くるんくるんと切ってみよう）

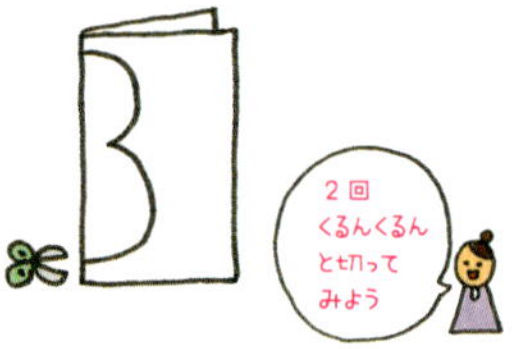

❷ 顔を描く。

❸ 帽子（色画用紙を半分に折って切る）と手は裏からストロー（適度な長さに切る）、胴体にボタンをはる。
・帽子
・手

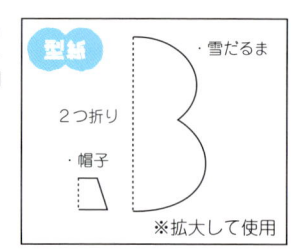

型紙　・雪だるま　2つ折り　・帽子　※拡大して使用

64

4歳児

2つ折りで鬼を切ってみよう
1枚切りの鬼のお面

作り方

用意するもの：色画用紙　毛糸　はさみ　のり　クレヨン

❶半分に折って切る。

❷顔や角を描き、セロハンテープを輪にして毛糸をはる。

「開くのが楽しみだね」

❸ベルト（頭の大きさに切った色画用紙を図のように切り、ホッチキスで留め、セロハンテープでカバー）に❷をはる。

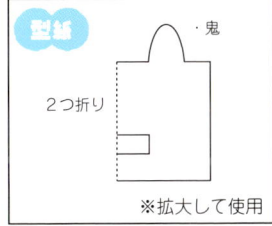

型紙・鬼　2つ折り　※拡大して使用

手の形に切ってみよう
ぽかぽか手袋

作り方

用意するもの：色画用紙　毛糸　はさみ　のり　クレヨン

❶手を色画用紙の上に置き、フェルトペンでかたどる。

「お友達と描き合いっこしてもいいよ」

❷❶の線の上を切る。

「自分の手の形にじょうずに切れるかな」

❸クレヨンで自由に模様を描く。

❹毛糸を切り、❸に自由にはる。

5歳児

クリアフォルダーを切ってみよう
変身！鬼のお面

作り方

用意するもの：クリアフォルダー　ビニールテープ　セロハンテープ　毛糸　はさみ　クレヨン

❶クリアフォルダーに顔を透かして、友達と油性フェルトペンでかたどり合う。

❷❶に角を描き足して、線の上を切る。

「線の上をスイスイ切ってみようね」

❸油性フェルトペンで顔を描き、角にビニールテープ、髪の毛に毛糸をはる。

❹顔の両端にパンチで穴をあけて輪ゴムを通す。

※お面を長時間着けるときは、鼻と口部分に空気孔をカッターナイフで作るとよい。

4つ折りで細かく切ってみよう
結晶風のひらひら雪

作り方

用意するもの：折り紙　はさみ

❶半分に2回折る。

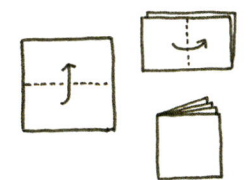

❷❶に型紙を3箇所ほど、のりを付けてはる。

❸線の上を切る。

「はさみの奥を使って切ってみようね」

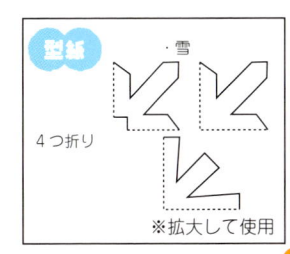

型紙・雪　4つ折り　※拡大して使用

65

2月 あそび & シアター

保育者が演じる

チョキチョキ

戸外で冬の自然にふれたときの子どものワクワク感を室内の遊びの中でも体感できるといいですね。

あそび　つんでつんで！ 雪だるま

室内でゆったり集中しながらできるあそびです。

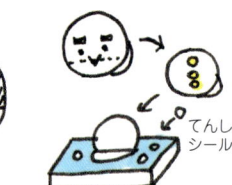

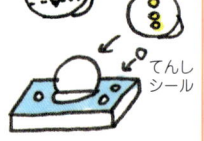

用意するもの　●色画用紙　●てんしシール　●はさみ　●のり

遊び方　雪玉を積んで、最後は帽子も乗せたら、雪だるまのでき上がり！

ドキドキ　　できた

作り方
・雪だるま
・帽子
① 半分に折って切る。
② 斜線部分をはり合わせる。雪だるまの顔をはる。
③ 空き箱にいちばん下にくる雪だるま（胴体）をはる。
てんしシール

アレンジ　だれがいちばん高く積めるか競争すると盛り上がります。

型紙

〈あそび〉つんでつんで！ 雪だるま
・帽子
・雪だるま
・雪だるま（胴体）
2つ折り　※330%拡大

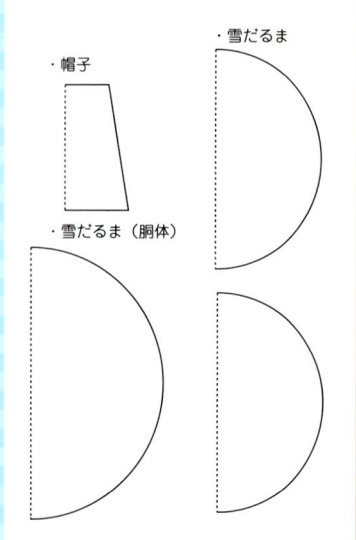

〈シアター〉鬼は外！福は内！
・鬼
・雪だるま
・ペンギン

※八つ切りサイズを使用する際は、500%に拡大するとちょうどよい大きさになります。

シアター 鬼は外！福は内！

登場人物が2月にピッタリのシアターです。

用意するもの
- 色画用紙
- フェルトペン
- はさみ

準備

絵人形
- ペンギンと雪だるまは鬼の半分のサイズ。
- ペンギン、雪だるま、鬼の型の跡を付ける。
- それぞれのパーツをフェルトペンで描き込んでおく。

1 子どもたちに語りかける。

2月になりました。お外はすっごく寒いけれど、みんな元気に遊んでいるかな？

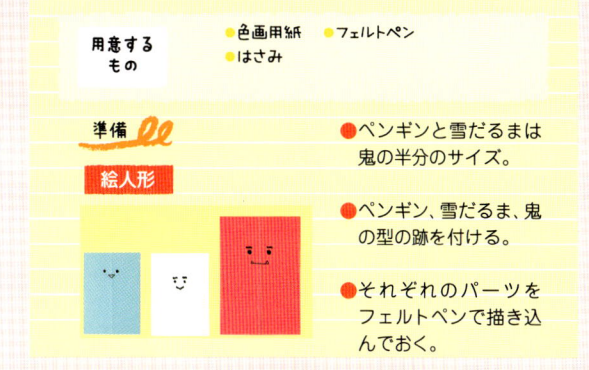

2 ペンギンを切る。

こんにちは〜！

こんにちは。あれ？ あなたはだ〜れ？

あたしは寒いところが大好きなトリの仲間よ。

わぁ！ かわいいペンギンさんだったんだね！

3 雪だるまを切る。

おや？ だれかやって来た！ あなたはだ〜れ？

ぼくは雪が大好き！

あ！ 雪だるまさんだったんだね！ また遊びに来てね。

4 鬼を切る。

ドーン！ドスーン！

すごい音を立ててだれかがやって来たよ。大きくてなんだか怖そう。

だれかなぁ？ だれかなぁ？

わぁ！ おこりんぼう鬼だーー！！！

あっ！ 先生にくっ付いちゃった！ みんなお願い！ 元気な声で鬼を追い払ってくれるかな？

鬼は外ー！福は内ー！

みんなありがとう！ みんなのおかげでおこりんぼう鬼が逃げて行ったよ。

いつもどおりの優しい先生に戻りました。

活動へつなげよう → 豆まきを実際にやってみよう。

2月 壁面 & 保育グッズ

保育者お役だちネタ

チョキチョキ

鬼や節分に関心が持てるように行事の由来や鬼の話をしてイメージを広げられるとよいですね。

壁面 いろいろ鬼がやって来た

鬼は外！ 福は内！ 心の中の悪い鬼をやっつけましょう！
いいことがたくさんあるといいですね。

作り方

用意するもの: 色画用紙　はさみ　フェルトペン　てんしシール　紙テープ　のり

・子ども　・髪（男の子）　・制服（男の子）
半分に折って切り、各パーツをはる。

・ます
半分に折って切り、てんしシールを豆に見たててはる。

紙テープをねじる。

この壁面では、P.65の4歳児の「1枚切りの鬼のお面」を使用。

※子どもの人数に合わせて配置は変えるとよいでしょう。

カード 発表会プログラム

保護者の発表会への期待が膨らみます。

- お姫様カード
- こぶたカード

作り方

用意するもの
- 色画用紙
- はさみ
- フェルトペン
- のり
- カッターナイフ

●お姫様カード
内側から装飾し、その上にプログラムをはる。

●こぶたカード
挟んではる。
小さいこぶたは折り目より上に挟んではり合わせる。

部屋かざり 節分モビール

鬼なんてへっちゃら！かわいいモビールです。

- 鬼
- おたふく
- ヒイラギ

作り方

用意するもの
- 色画用紙
- はさみ
- フェルトペン
- のり
- 糸
- カッターナイフ

・おたふく　・ヒイラギ
・鬼

それぞれのパーツを半分に折って切り、穴をあけて糸を通す。

型紙

〈壁面〉いろいろ鬼がやって来た

- 子ども
- 髪（男の子）
- 制服（男の子）
- 髪（女の子）
- 制服（女の子）
- ます　2つ折り

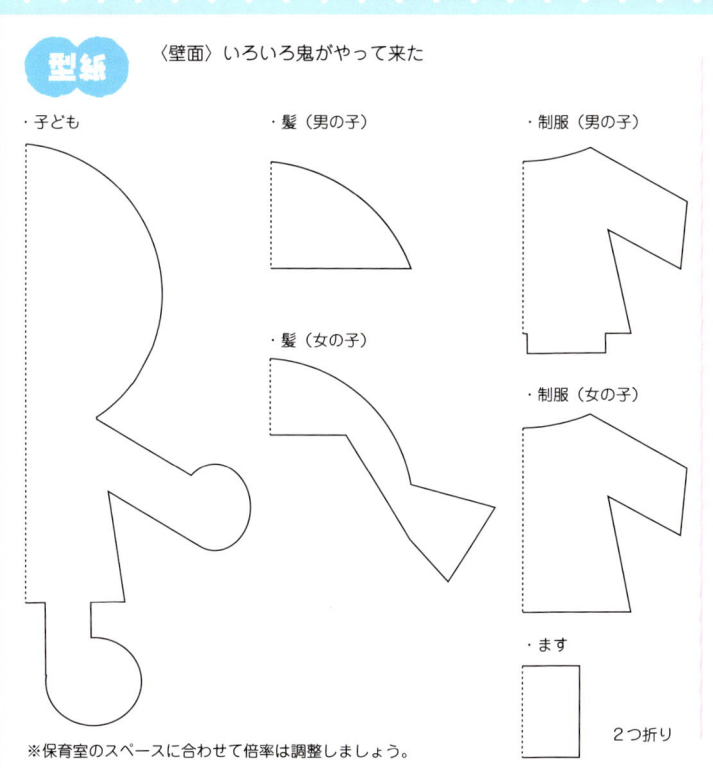

※保育室のスペースに合わせて倍率は調整しましょう。

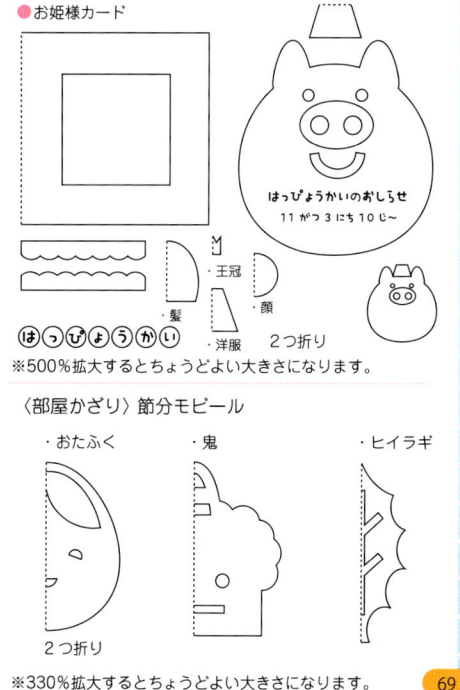

〈カード〉発表会プログラム
●こぶたカード
●お姫様カード
　髪／王冠／顔／洋服　2つ折り

※500％拡大するとちょうどよい大きさになります。

〈部屋かざり〉節分モビール
・おたふく　・鬼　・ヒイラギ
2つ折り

※330％拡大するとちょうどよい大きさになります。

69

3月 はさみあそび

子どものあそびネタ

チョキチョキチョキ

3月はひな祭りや進級・卒園と行事がめじろおし。製作物を作って飾って子どもの成長をいっしょに共感したいですね。

- まるまるおひなさま （3歳児） 
- 紙コップのおひなさま （4歳児） 
- なかよしおひなさま （5歳児） 
- チェックのフォトフレーム （3歳児） 
- ポップアップフォトフレーム （4歳児） 
- ドリームフォトフレーム（けーきやさん）（5歳児）

3歳児

2つ折りで曲線を切ってみよう
まるまるおひなさま

作り方

用意するもの：色画用紙、紙テープ、はさみ、のり、クレヨン

❶ 半分に折って切る。
　紙を回してチョキチョキチョキ

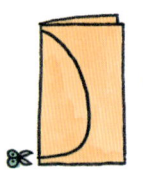

❷ 紙テープを細かく切って、❶の着物に見たててはる。
　細かく切れるかな？ 

❸ ❷に顔を描いて冠をはる。紙皿に折り紙（金）とリボン（裏）を付けて飾る。

型紙：おひなさま　2つ折り　※拡大して使用

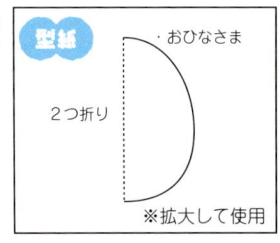

細長くたくさん切ってみよう
チェックのフォトフレーム

作り方

用意するもの：色画用紙、写真、はさみ、のり

❶ 色画用紙を細長く切る。
　まっすぐ同じ太さにチョキチョキチョキ 

❷ ❶を台紙（色画用紙）に縦にはって、端を折り返す。

❸ ❷と同様に❶を横にはって、端を折り返す。

❸ 裏から持ち手と台紙（色画用紙）をはり、表に写真をはる。

※おひなさまの並び方は地域によって異なります。

4歳児

長く切り進めよう
紙コップのおひなさま

作り方

用意するもの: 色画用紙、はさみ、紙テープ、紙コップ、フェルトペン、折り紙、千代紙（折り紙）、のり

1. 千代紙・折り紙・紙テープを切って着物を作る。
2. ①で切った折り紙を巻く。
3. ①で切った千代紙と紙テープをはり合わせて巻く。 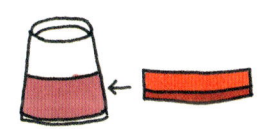
4. 顔を描いて、色画用紙で冠や扇などを切ってはる。

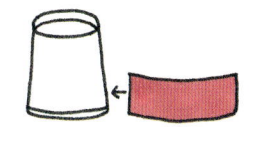

4つ折りで曲線を切ってみよう
ポップアップフォトフレーム

作り方

用意するもの: 色画用紙、折り紙、はさみ、のり、写真

1. 4つ折りをして図のように切って広げる。 
2. 写真を切る。 
3. 半分に折り、切り込みを入れて折り目を付ける。広げて押し出す。
4. ③の裏に台紙（色画用紙）をはり、①・②を表にはる。

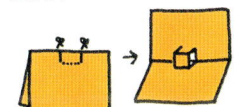

5歳児

好きな形に切ってみよう
なかよしおひなさま

作り方

用意するもの: 折り紙、色画用紙、紙皿、はさみ、のり、フェルトペン

1. 折り紙を角から角へ半分に切る。 
2. 色画用紙でおひなさまのパーツを自由に切る。
3. ①を筒状にして留め、各パーツをはる。フェルトペンで顔を描く。 
4. 紙皿を半分に折り、じゃばら折りした折り紙（金）と③をはって飾る。

イメージしながら切ってみよう
ドリームフォトフレーム

作り方

用意するもの: 空き箱、色画用紙、写真、はさみ、のり、クレヨン

1. 空き箱の底に色画用紙をはる。 
2. 自由に色画用紙や写真を切り、下部分を折ってのりしろを作る。 
3. ひさしを切って、文字を描く。
4. ②と③を箱にはる。

※おひなさまの並び方は地域によって異なります。

71

3月 あそび & シアター

保育者が演じる

チョキチョキ

もうすぐ春がやってきます。ウキウキ気分で新しい生活を過ごせるように、子どもたちの気持ちを盛り上げましょう。

あそび チョウチョウをキャッチ！

チョウチョウはお花の蜜を吸うことができるのでしょうか。

用意するもの
- 色画用紙
- 紙コップ
- たこ糸
- 両面テープ
- はさみ
- 油粘土
- セロハンテープ

遊び方

けん玉と同じように、チョウチョウをお花の中でキャッチしてみましょう。

作り方

1. 紙コップの上から切り込みを入れる。
2. 1の根元から外側に折り、半分で内側に折り返して、両面テープではる。
3. チョウチョウを切り、片面に油粘土をセロハンテープではり付ける。2とチョウチョウをたこ糸でつなぐ。

アレンジ 『ちょうちょう』（唱歌）を歌いながら、挑戦してみてもよいでしょう。

型紙

〈あそび〉チョウチョウをキャッチ！
- チョウチョウ　2つ折り　※原寸

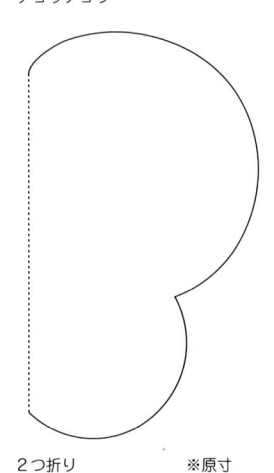

〈シアター〉春を探検だ！
- サクラ　10折り
- クローバー　4つ折り
- 虫めがね　2つ折り
- チューリップ　2つ折り
- チョウチョウ　2つ折り

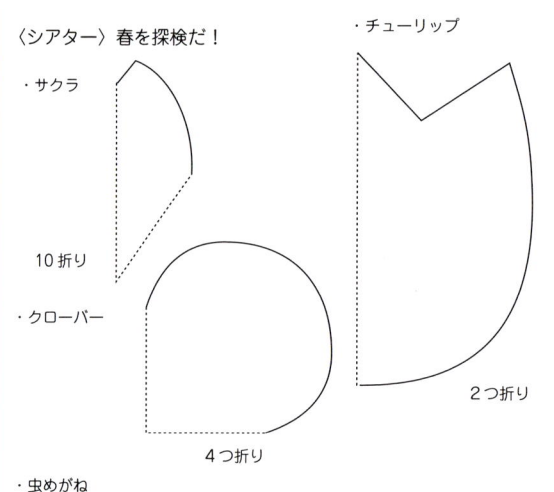

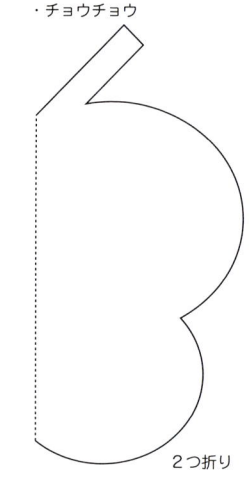

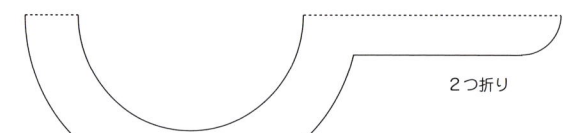

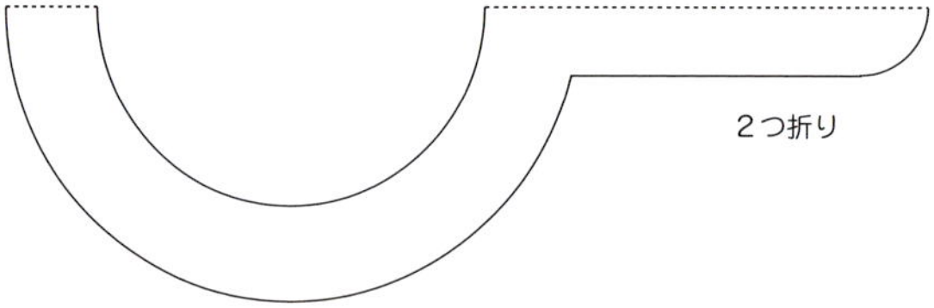

※250％拡大

シアター 春を探検だ！♪

春の発見とともに進級・卒園への期待を膨らませよう！♪

用意するもの：折り紙・色画用紙・はさみ・フェルトペン

準備
絵人形

- 色画用紙を2つ折りにして虫めがねを切っておく。
- チョウチョウとチューリップは折り紙を2つ折りに、クローバーは4つ折り、サクラは10折りにしてそれぞれに下描きをしておく。 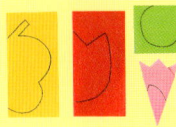

チョウチョウ　チューリップ　クローバー　サクラ

---

① 子どもたちに語りかける。

「もうすぐ春がやってくるね！今から先生と春を探しに行こう！」

② チョウチョウを切る。

「あっ！見つけた！」
「なにかな？」
「羽がとてもきれいな虫だよ！」
「チョウチョウでした！」

③ ②と同様にクローバーを切る。

「これが見つかるなんてラッキ！」
「なにかな？」
「四つ葉のクローバーでした！」

④ ②と同様にチューリップを切る。

「赤のほかに白や黄色もあるんだよ。」
「花がギザギザだね。」
「チューリップでした！」

⑤ ②と同様にサクラを切る。

「今日はこれで最後だよ。」
「春になるとヒラヒラ舞っていて、とてもきれいだよ。」
「ハートかな？」
「何だろうね？」
「サクラでした！もうすぐサクラが咲くね。サクラが咲くころには1年生になるね。」

⑥ 締めくくる。

「こんなに春が見つかったね！今度はお外でも探してみようね！」

3月 壁面 & 保育グッズ

保育者お役だちネタ

チョキチョキ

3月3日は桃の節句。ひなまつりをみんなでいっしょにお祝いしましょう。

壁面 みんなでひなまつり

子どもたちが作ったおひなさまが大集合！ どのおひなさまも華やかできれいですね。

作り方

用意するもの
- 色画用紙
- フラワーペーパー
- はさみ
- フェルトペン
- のり
- セロハンテープ

・ひな人形
・着物
半分に折って切る。

一度丸めたフラワーペーパーを広げてはる。

・びょうぶ
・ウメ
半分に折って切る。

この壁面では、P.70の3歳児の「まるまるおひなさま」を使用。

※子どもの人数に合わせて配置は変えるとよいでしょう。

カード　おめでとうカード

子どもたちの新しいスタートをお祝いしましょう。

● 進級カード
● 卒園カード

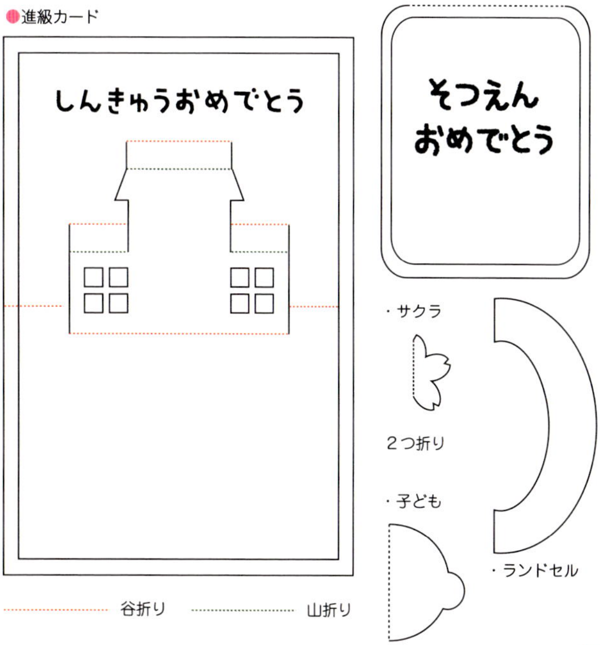

作り方

用意するもの
- 色画用紙
- てんしシール
- はさみ
- カッターナイフ
- フェルトペン
- のり

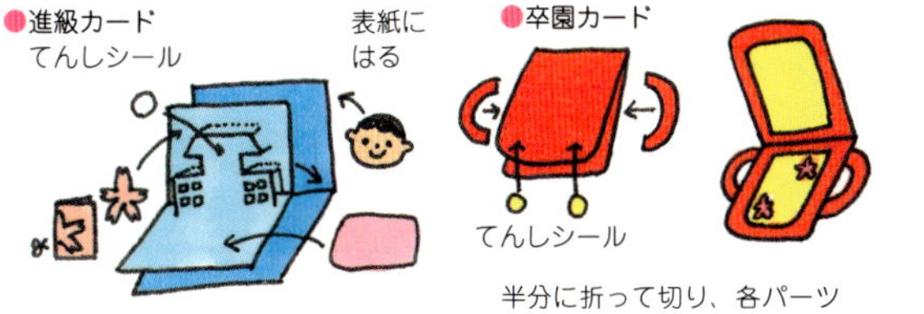

● 進級カード
てんしシール
表紙にはる
カッターナイフで切って折る。

● 卒園カード
てんしシール
半分に折って切り、各パーツを中にはる。

コサージュ　うっとりフラワー

祝福の気持ちを込めて、卒園児の胸元に付けてあげましょう。

● ヒラヒラフラワー
● モコモコフラワー

作り方

用意するもの
- 不織布
- はさみ
- 両面テープ

● モコモコフラワー 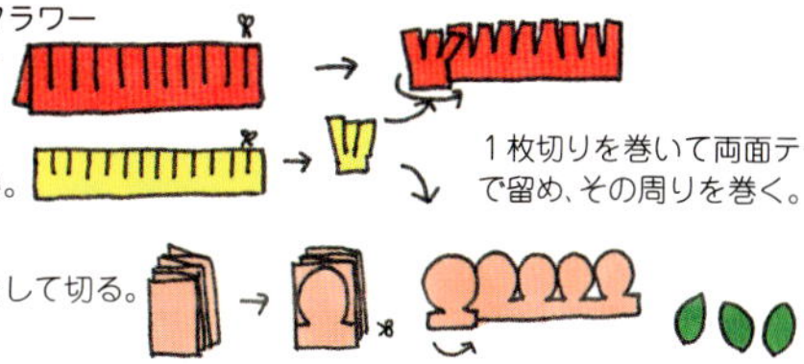
半分に折って切る。
1枚切りをする。
1枚切りを巻いて両面テープで留め、その周りを巻く。

● ヒラヒラフラワー
じゃばら折りをして切る。
葉っぱを切って、両面テープではる。

型紙

〈壁面〉みんなでひなまつり

・びょうぶ
・ぼんぼり
・ひな人形・着物 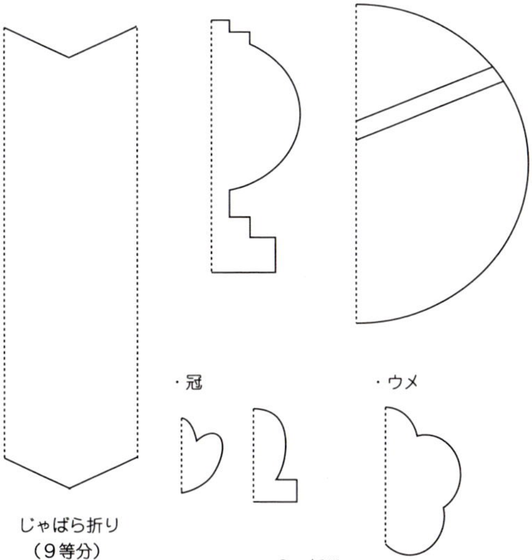
じゃばら折り（9等分）
・冠
2つ折り
・ウメ
2つ折り

※保育室のスペースに合わせて倍率は変えていきましょう。

〈カード〉おめでとうカード

● 進級カード
しんきゅうおめでとう

● 卒園カード
そつえん おめでとう

・サクラ
2つ折り
・子ども
・ランドセル

------- 谷折り　――― 山折り

※330％拡大するとちょうどよい大きさになります。

保育者が作る

誕生会 チョキチョキ バースデーグッズ

ハッピーバースデー！ 誕生児を手作りのグッズでお祝いしましょう。子どもたちの喜ぶ姿が目に浮かびますね。

王冠　今月の主役！王冠

1枚の色画用紙を切るだけで、かんたんなのに豪華な王冠ができ上がります。

用意するもの
- 色画用紙
- はさみ
- カッターナイフ
- セロハンテープ
- ホッチキス
- 輪ゴム

作り方

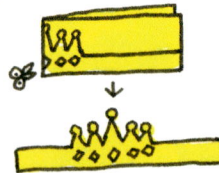

❶ 半分に折って切る。帯の長さは子どもの頭に合わせる。

❷ 輪ゴムでベルトを作る。（P.65「1枚切りの鬼のお面」参照。）

メダル　バースデーメダル

メダルを掛けてもらった子どもたちは大喜びです。

● フラワーメダル
● ピヨピヨメダル

作り方

用意するもの
- 色画用紙
- リボン
- カッターナイフ
- はさみ
- のり
- フェルトペン

● フラワーメダル　半分に折って切る。
・王冠
・女の子

● ピヨピヨメダル　半分に折って切る。
・卵
・ヒヨコ

順にはり重ねていく。
リボン結びをはる。
リボンを裏からはる。
リボン結びをはる。

※男の子も作ってみよう。

カード バースデーカード

子どもの成長がわかるといいですね。

● プレゼントカード　● おうちカード

作り方

用意するもの
- 色画用紙
- フェルトペン
- はさみ
- のり

● プレゼントカード
1. 図のように折り、リボンを切ってはる。
2. 1を開いて、各パーツを切ってはる。

● おうちカード
図のように折り、各パーツを切ってはる。
※季節に合わせて生き物を変えてみよう。

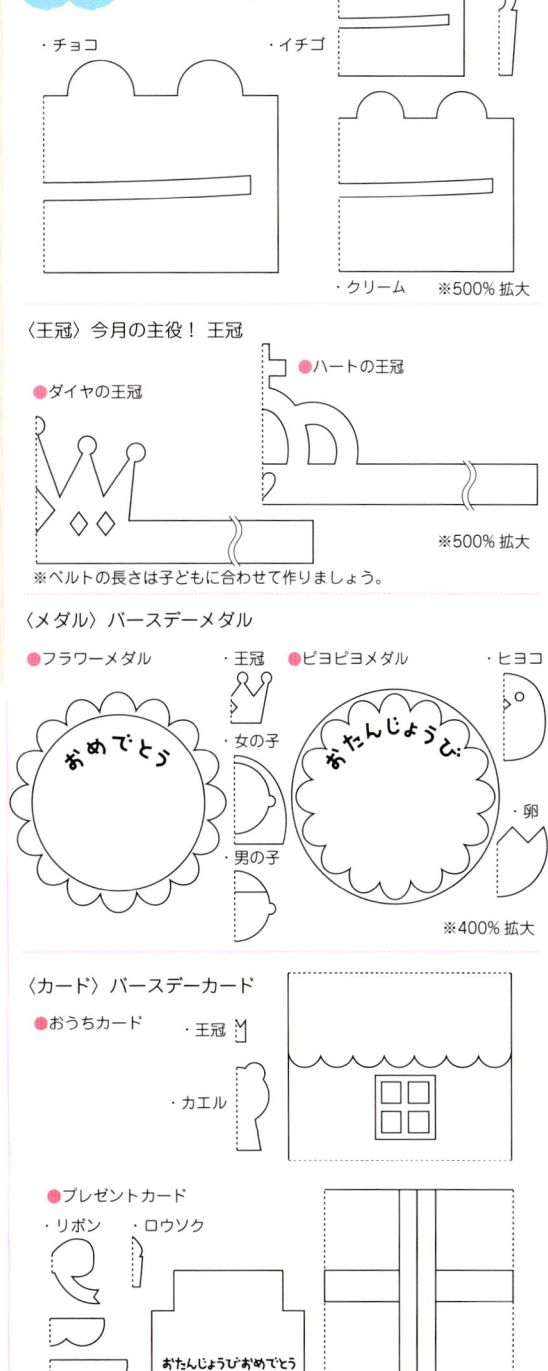

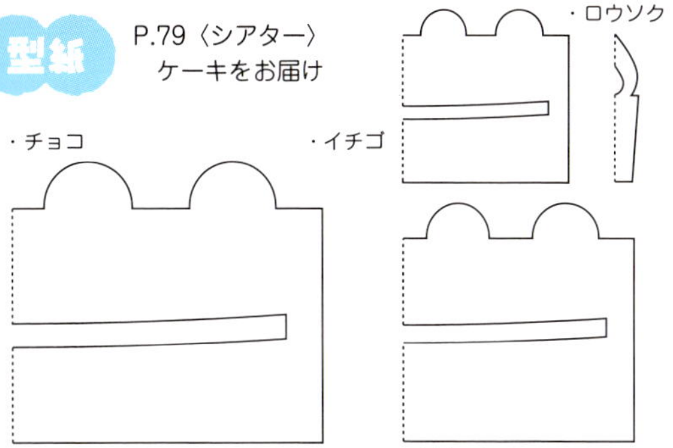

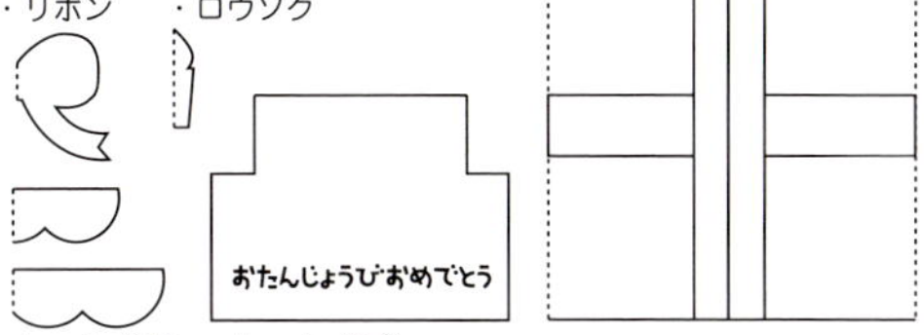

型紙

P.79〈シアター〉ケーキをお届け
・チョコ　・イチゴ　・ロウソク　・クリーム
※500% 拡大

〈王冠〉今月の主役！王冠
● ダイヤの王冠　● ハートの王冠
※ベルトの長さは子どもに合わせて作りましょう。
※500% 拡大

〈メダル〉バースデーメダル
● フラワーメダル（おめでとう）・王冠・女の子・男の子
● ピヨピヨメダル（おたんじょうび）・ヒヨコ・卵
※400% 拡大

P.79〈壁面〉ウキウキクレヨンの誕生表
・男の子　・女の子　・ロボット　・クマ　・クレヨン
・服（男の子）　・服（女の子）

おたんじょうび おめでとう
1 2 3 4 5 6 7 8 9 10 11 12
※400% 拡大

〈カード〉バースデーカード
● おうちカード
・王冠　・カエル

● プレゼントカード
・リボン　・ロウソク　・ケーキ（上）　・ケーキ（下）
おたんじょうびおめでとう
※500% 拡大

77

保育者お役だちネタ

子どもの心に残るような誕生日になるように保育者が気持ちを込めておもてなしをしたいですね。

誕生会

チョキチョキ 誕生表 & シアター

型紙 は P.77 へ

誕生表 ウキウキクレヨンの誕生表

色とりどりのクレヨンをよっこいしょ。
みんなでかきかき「おたんじょうびおめでとう」

用意するもの 色画用紙　はさみ　のり　フェルトペン

作り方
・クレヨン
・クマ
半分に折って切る。
顔を描く。

5　なつみちゃん／ちひろちゃん／ひろきくん
6　まおちゃん／こうたくん／いつきちゃん
7　みかちゃん／りょうたくん
3　ひかるちゃん／いっさくん
8　はるなちゃん／ゆいちゃん／じゅんくん
2　ゆうこちゃん／あきらくん／もえちゃん
4　ほのかちゃん／かおりちゃん／ゆいとくん
9　みやびちゃん／しゅうくん／かけるくん
1　あおいちゃん／やまとくん
12　すみれちゃん／れんくん
11　こうへいくん／あいきくん
10　みさきちゃん／もえちゃん／いくとくん

おたんじょうびおめでとう

78

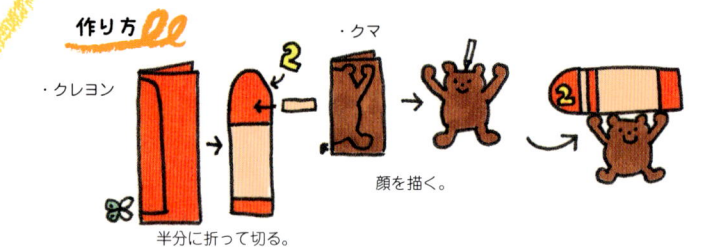

シアター ケーキをお届け

三段ケーキを作ってお誕生児をお祝いしましょう！

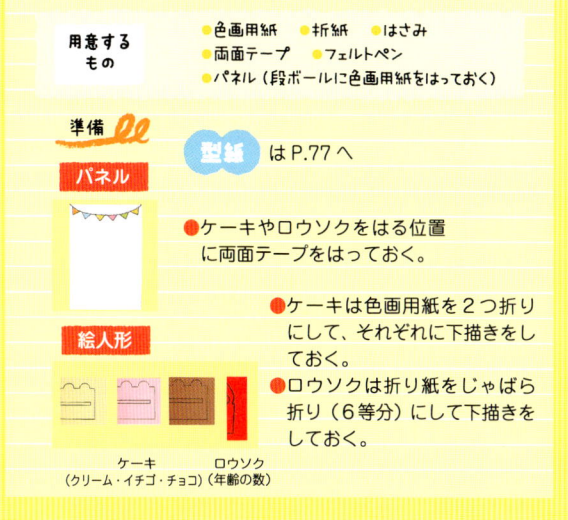

用意するもの
- 色画用紙
- 折紙
- はさみ
- 両面テープ
- フェルトペン
- パネル（段ボールに色画用紙をはっておく）

準備

パネル

型紙 は P.77 へ

- ケーキやロウソクをはる位置に両面テープをはっておく。

絵人形

- ケーキは色画用紙を2つ折りにして、それぞれに下描きをしておく。
- ロウソクは折り紙をじゃばら折り（6等分）にして下描きをしておく。

ケーキ（クリーム・イチゴ・チョコ）　ロウソク（年齢の数）

① パネルを設置する。

「今日は○○ちゃん、○○くんのお誕生日だよね。」

「先生、ケーキ屋さんにケーキを予約しておいたよ。今から持ってきてもらうね。」

「もしもし予約していたケーキを持ってきてください。」

★色画用紙（クリーム）を携帯電話に見たてる。

② 色画用紙（クリーム）を切ってはる。

チョキチョキ

「どんなケーキがくるかな？楽しみだね。」

「お待たせしました！」

「あっ！きたきた！こっちです。」

「おいしそうなクリームケーキ！実はまだケーキがあるの！呼んでみようか！」

③ ②と同様に色画用紙（ピンク）を切ってはる。

「イチゴケーキだ！さっきより大きいね！」

「次が最後のケーキだよ！早く食べたいな〜！」

④ ②・③と同様に色画用紙（茶色）を切ってはる。

「最後はチョコレートケーキだ！またさっきより大きいね！」

「三段のケーキになったよ！おいしそうだな〜！」

⑤ ロウソクを切ってはり、いっしょにお誕生日の歌をうたう。

「ケーキができたね！でも何か足りないなあ。お祝いするのにとっても大切なものなんだけど。」

「あっ！ロウソクだ！」

「いくつになるのかな？」

5さい！

「お誕生日ケーキの完成！○○ちゃん、○○くん、おめでとう！お誕生日の歌をうたってお祝いしよう！」

ペタッ！

チョキチョキ

バリエーション → 色画用紙の色を変えてニンジンケーキ、メロンケーキ、グレープケーキにしてもよいでしょう。

スーパービジュアル さくいん

	はさみあそび			子どものあそびネタ	保育者が演じる	保育者お役だちネタ	
	3歳児	4歳児	5歳児	あそび	シアター	壁面	保育グッズ
4月	4	5	5	6	7	8	名前カード 9 / 部屋かざり
5月	10	11	11	12	13	14	カード 15 / フォトフレーム
6月	16	17	17	18	19	20	カード 21 / モビール
7月	22	23	23	24	25	26	吹き流し 27 / モビール
8月	28	29	29	30	31	32	33 / 暑中見舞い
9月	34	35	35	36	37	38	カード 39 / モビール
10月	40	41	41	42	43	44	メダル プログラム 45 / モビール
11月	46	47	47	48	49	50	カード 名前札 51 / モビール
12月	52	53	53	55	56		カード 57 / オーナメント
1月	58	59	59	60	61	62	年賀状 63
2月	64	65	65	66	67	68	プログラム 69 / モビール
3月	70	71	71	72	73	74	カード 75 / コサージュ

	バースデーグッズ	誕生表	シアター
誕生会	76 メダル / 77 カード	78	79

80